追求工程师职业梦想

IS THERE AN ENGINEER INSIDE YOU?

[美] Celeste Baine ◎著
荣四才 ◎译

中国劳动社会保障出版社

图书在版编目(CIP)数据

追求工程师职业梦想/(美) 贝恩 (Baine, C.) 著；荣四才译. —北京：中国劳动社会保障出版社，2016

书名原文：Is There an Engineer Inside You?

ISBN 978-7-5167-2235-0

Ⅰ.①追… Ⅱ.①贝… ②荣… Ⅲ.①工程师-工作-基本知识 Ⅳ.①T-29

中国版本图书馆 CIP 数据核字(2016)第 018074 号

中国劳动社会保障出版社出版发行

(北京市惠新东街 1 号 邮政编码：100029)

*

北京市艺辉印刷有限公司印刷装订 新华书店经销

787 毫米×1092 毫米 16 开本 9 印张 124 千字

2016 年 3 月第 1 版 2016 年 3 月第 1 次印刷

定价：25.00 元

读者服务部电话：(010) 64929211/64921644/84626437

营销部电话：(010) 64961894

出版社网址：http://www.class.com.cn

本书献给所有追求内心智慧火花的年轻人

前言

Preface

当你告诉父母想学工程时，他们会自然地表露出非常自豪的神情。你的朋友和熟人立马对你刮目相看，惊讶你智商过人。你刚刚结识的人开始向你询问一些数学问题，或者请你帮他们修电脑。在你开启大学之旅的第一天，每个人都祝你好运。

在我决定上工程学院后，我将自己所有的东西塞到包里，一路向东来到了路易斯安娜。我想学习生物医药工程，而当时能上得起的学校并不多。我查看了排名前十的学院，选择了最小的学校。我想在小班学习，希望拥有特别具有个性化的学习体验。我希望能打动教授，在大学和社区都留下好名声。我梦想满满，希望教授多年后还能记得我。

我对待学业严肃认真，第一年想各科通通得优。我想以后的老板需要的是全优的毕业生。在我第二年上微积分课时，我的理想世界就开始离我远去。每个学生都至少有一门不喜欢的学科、理解不了的老师，微积分就是我不喜欢的学科，我也终于碰到了自己认为无法理解的教授，他的讲解好像都从我的大脑弹了回去——我完全领会不了。他讲课时也讲笑话，可我完全笑不出来；他的笑话不好笑，因为我不明白他要表达的意思。我回到家中，努力挣扎，做他布置的作业时有时还会哭。每天，我都强迫自己打开笔记，再试一遍。大多数时候，我感觉自己好像在拿头撞一堵墙。我开始想，也许我选错了专业，也许工程只适合精英学者，也许我不符合工程学生应有的模式。这应该是大家都抱怨获得工程学位太难的理由吧！

谢天谢地，这门课结束了，我继续我的学业。我发现对付那位棘手的教授的经验让我在接下来的两年的学习中很受用。

我们不可避免地会碰上不喜欢的教授、教不好书的老师，但我们可以掌握让自己毕业的基本战略：对自己的学习负责，学会考试。换一个角度来看教授，在答疑时间去他们的办公室，或者就他们教授的内容给他们发电子邮件求解一些问题。有的时候，去他们办公室可以让你明白，他们也是人，不是你想象的要来折磨你的怪兽。幸运的是，大多数教授真诚希望你取得成功。

在我上工程大学以前，我从来没用过电动工具，没有用电脑设计程序做过设计。在大学第二年，我开始紧张，因为看起来所有男同学理解那些概念更容易，我想他们天生对工程更有天赋。参加一次特别难的微积分考试后，我到导师那里哭诉、求情，抱怨我没本事“学会”。在我对所有这些不对劲的事滔滔不绝时，他说道：“塞来斯特，忘了这一切，世界需要各种各样的工程师。”我坐在那里，奇怪我为什么没有早一点有这样的认识。我可能不是领会最快的，不是数学超级明星，但有一个位置在那里等着我，这个位置符合我的个性，我也会乐此不疲。

找到适合你的专业学校是很重要的，这也是本书是从工程专业学生而不是老师的角度来写的原因。学生知道其他学生感兴趣的东西，知道需要掌握哪些知识可以完成工程学业，老师则不然。这本书不是讲一堂课怎样教，而是告诉你怎样为大学学习做准备、怎样寻找可以获得的资源来确保你成功。工程教育可以为你开启一个通向具有无限可能的新世界的大门，你以前从来没有意识到这些可能性的存在。在你拿到学位、成为工程师后，你会充满自信，也拥有了实现梦想的知识。

我写这本书是想揭开关于工程师的神秘面纱，消除误解。我之所以拒绝那些错误观念，一部分原因是因为我是少数族裔，是在男性占主导地位的领域中的女性。我是一名工程师，我有许多从事工程工作的朋友，他们的生活方式都有异于那些根深蒂固的模式：他们追逐快乐，对大千世界和芸芸众生充满好奇。许多人成为工程师是因为他们想改变他们所爱的人的生活，改善医疗，掌握高精尖技术，创建一个更加健康的世界，这些都是我常听到的选择工程师职业的理由。事实上，我越是了解了工程职业，就越认识到工程师是世界上最富有创造力、最富有爱心的人。最成功的工程师都是个性丰满的人，他们热爱音乐，喜欢运动，能与朋友们打成一片。

的确，当你完成工程学业以后，许多工作将向你敞开大门。如果你成绩好，你几乎可以得到想要的任何一种星光熠熠的工作。但是，你是不是必须遵循传统的老路，跟随前面工程师的步伐？有没有别的路径？工程领域中的女性和少数族裔情况又怎样？那些拥有可以为传统工程开辟新天地的其他技能的人才又会怎样？还有那些学习工程仅仅是作为其他职业跳板的人又怎样？有些环境工程师成了律师，生物医学工程师成了医生。

这本书将向你展示我在突破传统、另辟蹊径的过程中所发现的广受欢迎且极有戏剧性的职业机会。如果你今天要问我，我也会对你说尽管我现在没有每天都做工程师的工作，成为一名工程师绝对是我一生中所做的最美好的一件事。学习工程有时虽然很痛苦，但也是你可以给予自己的最好的礼物之一。你会开发自己的分析和逻辑思考能力，这使你一生做任何事都会受益。学习工程会让你为你的生活做好准备，这是学习其他专业所无法比拟的。

目录

Contents

第一部分　什么是工程学?

第二部分 工程的多面性

第一部分

什么是工程学？

第一章

选择工程专业正当时

思考、梦想、行动。你想改变自己的人生，对吗？你在中学刻苦学习，已经准备好开始向你下一个更大的目标迈进。学习工程可以使你有机会探索、发明，改变我们的世界。这一领域具有无限的创造、创新和开拓。改善医疗，掌握高精尖技术，创建一个更加健康的地球，这些都是选择工程师职业的绝好理由，因为工程师拥有难得又令人难以置信的机会来改变他们所爱的人的生活。在这个领域，职业满意度很高，你可以指向一件新产品说："那是我做的。"

工程学还涉及设计一个更有人性的未来，以人和更健康的地球为本。工程师都努力工作，保护我们的稀缺资源，关爱生活在我们这一脆弱世界里的所有生灵。

别忘了，你今后10年见到的许多工作至今还未出现。那些积极进取的工程师不仅会发明新的产品，也会创造出新的工程行业。仅仿生学（受自然界启发得到解决问题的方法）一项就对建筑设计、通风系统、电气系统和其他方面提供了大量的可能性。生物智能对于新能量、油漆、溶剂、涂饰和其他产品提供了多种可能，可以用来替代有害的化学产品。可持续的解决之道可以小到利用生长迅速的竹子替代建筑物中的硬木，不用砍倒生长缓慢的大树，这样有利于清洁空气，也可以大到最近公布的利用新鲜空气循环而"呼吸"的大楼。拿到学位，获得经验，做好准备，工程师在通过改变世界来提高人们生活质量方面名列前茅。对于一名有志向的学生而言，机会无限。

选择工程职业基本不会让人感到无趣。今天的工程专业毕业生可以选择的工作形式包括：

• 检测工程师将昂贵的赛车撞向墙壁，以改进安全性能。

• 刑侦工程师评估犯罪现场的证据从而缩小搜查罪犯的范围。

• 设计工程师研制一台可以从正在燃烧的大楼中救人的机器人。

• 化学工程师想办法将太阳能电池置入汽车油漆之中，这样电动汽车再不需要充电。

• 药品工程师设计或合成可以治愈感染千百万人的疾病的药品。

• 建筑工程师设计可以自行供电的绿色大楼。

• 生物医学工程师设计修复术使人造手有感知。

• 太阳能和风能专业的电气工程师向不发达的地区或国家供电，还有许多其他方面的应用。

工程学是当今进步最快、最具挑战性和收获最大的学科领域之一。许多人想当工程师，有通向成功的能力和天生的好奇心。2014 年仅在美国，就有 83 000 人获得了工程学位。大学毕业这个人生的里程碑需要动力和恒心。你怎样获得动力和恒心？简单地讲，你应该愿意付出努力，为自己的教育负责，不屈服于任何事。你应该知道你所进入的领域，并明确你想要得到的东西。

“工程师”一词的本意是“进行独创之人”。许许多多的人在进行独创，有有学位的，也有没有学位的。但是，有学位的工程师会告诉你工程专业大学教育会教会你解决问题的思考方法，而这一点对于任何职业都价值不菲。拥有工程学学士学位的人在所有大学本科毕业生中就业的起步工资是最高的。看任何一家公司的招聘广告，你会发现总有几个针对工程师的极佳的就业机会。工程师是美国第二大职业群体，劳动力人口中共有 230 万工程师。工程学和工程技术有 50 个大专业、100 多个小专业，任何想在这一领域求得一职的人都会有所斩获。你的个人目标、技能和个性将决定你适合哪个专业。

那么，什么是工程学呢？美国化学工程师学会的杰夫·雷纳德说，工程师的作用大概是最不被社会所理解的。进行工程师工作的民意调查时，得到的答复无一例外都有“修汽车”“开火车”。我们在电视上看到医生、律师和警察，工程师在哪里呢？

尽管人们看不到工程师，但大家对他们都非常尊重。不管怎么说，工程师让我们的世界正常运转。工程学在我们的生活中无处不在；作为职业，它也许是为社会做出最大贡献的最佳途径。工程师努力提高我们的健康水平、幸福感和安全性，提高我们的生活质量，增进生活效率或舒适度。他们运用科学原理和务实办法解决日常的或专业性的问题，从而不断改进人们的生活。工程师可以设计诸如智能手机这样的产品，或者设计如卫星、通信塔台和路由器等系统，联通世界上所有的人。

学习工程学一个普遍的误区是认为工程学仅仅适合聪明过人的人，或者只适合在中学数学和其他理科都得优的学生。工程学是使生活变得更美好的一种工具。许多问题通过运用数学原理得到解决，但数学只是工程师工具箱中的一件工具。灵感、试验、视角、分析能力、创造力、好奇心、想象力、活力、热情和交际能力也都特别重要。

完成工程学位没有标准的智力要求。能在高中阶段数学和科学学科取得高分虽然很不错，但并不是成为优秀工程师的前提条件。许多高中阶段学习很困难的学生后来发现在求解一个棘手问题时很喜欢求解的过程，结果问题迎刃而解。

对于完成一个学位所需要的时间也没有限制。不管是用 4 年、5 年，还是 6 年完成学业，拿到的学位和工作机会都是一样的。一些学生推迟毕业去参加合作项目、完成第二学位、参加学生会活动。其他人可能转了专业，作一份兼职工作，或者减轻其他方面的负担以保证学习优秀。学习工程专业的学生，如果努力学习，在遇到困难时持之以恒，一定会有高工资，其职业也将富有挑战和刺激。如果你觉得你有能力、有恒心，你就可以并且一定能在工程学校取得成功。

并非一切皆数学

假设你在数学和科学学科得了良，是出色的团队领导人，交际能力一流，从传统角度来看，职业指导师会让你偏离工程学，因为你在数学方面没有得优，而出色的交际能力在每一个行业都需要。但是，如果你有动力跨过那些数学和科学课程，你可以成为大家最欣赏的那类工程师；能够用工程学的语言向新闻媒体、普通老百姓和你自己的团队进行交流是大家都很欣赏的一种技能。工程师并不是孤军作战，常常与多国团队合作。工程技术学位委员会前执行主任乔治·D. 彼得森说："雇主声称今天工程业的成功不仅仅需要最新的技术能力，还需要有能力进行交流沟通、团队协作、创造性思维、快速学习，以及欣赏多样性。"拥有出色口语和书面技巧的工程师广受欢迎。看一看大多数工程师岗位的招聘说明，你就会明白我的意思。

许多人数学不好，关于数学的悟性改变了无数人的生活轨迹。有的时候，在小学学不好数学就足以改变你的人生方向，有的时候，却只是一些细节的挑战：比如，在将数字移到等式的另一边后将减号改为加号。有的时候，处理好数学（人生）细节也看似无法逾越。

重要的是应学会运用数学的原因及时机，在将等式输入计算器或电脑之前大概知道答案的概数。比如，如果一名工程师将等式输入后，电脑给出的答案与预期有出入，这可能表明工程师的某种假设或等式的某些方面存在错误。

尽管如此，在高中尽量学好数学还是很重要的。虽然你不用是数学天才，你还是得去了解数学。如果没有掌握高中四年的数学课，大学时你就必须花额外的时间来补习那些必要的数学课。数学对于智力开发很重要，包括创造力、建构过程和解决问题的能力。

不过，数学只是工程师工具箱中的一种工具。数学和科学是了解世界、完成工程学业的重要工具，但它们并不是工程师解决问题所使用的唯一工具。幸运的是，工程学有几千种不同类别的工作。学生可以选择需要大量使用数学的工作，也可以选择解决问题时优先使用其他工具的工作，比如创新能力、机械能力或科技知识。设计型工作一般需要更多的数学知识，而培训、营销需要的数学知识最少。

他们都做什么？

工程师是现代社会的超级英雄，因此他们应该准备好应对这个越来越依赖科技的世界里的任何事情。他们脚踏实地运用数学、科学、知识、创造力、好奇心、独创性，进行设计、发明、创造，其达成的伟大成就极大地提高了人类的生活质量。他们是世界上最富有创造力的人群。工程师通过解决我们日常遇到的问题，使我们的生活更加美好、方便、高效和有趣，也降低了成本。

把他们想象成很实际的发明家。由于工程师的工作，我们拥有了苹果手机、拍照手机、无线电脑、高清电视、卫星电视、飞机、风力发电农场、电动汽车、高速火车、电子音乐、水下机器人、空调、化妆品、钛金膝髋代用品。这份清单很长很长。工程师让我们能够探索宇宙，打破汽车中的声垒，更换有故障的肢体部位，与在世界各地的朋友和家人即时联系等。

你所触摸的任何东西都直接或间接地受到工程师的影响，或许就是他们发明的。我们想象不出一项重大的技术更新没有工程师的贡献。许多国际知名的公司，如英特尔、谷歌、脸谱网、易趣、苹果公司等，如果那些很实际的发明家（工程师）没有凑在一起孕育这些公司，它们不会存在于今天。这些公司以工程学为坚实的基础，今天已成长为巨型公司。

如果你想减少污染，消除世界饥饿，当选美国总统（三位总统是工程师出身），改善环境，发明令人心动的技术，成为宇航员，设计赛车，解决复杂的难题，或者改变世界，那么，工程职业可能正好完全适合你。

审视职业类别、明确入行的具体分类很重要。要把自己设想为这一角色。工程师和工程技术师主要分为两类：一类专心于设计工程学，另一类专注于应用工程学。比如，你是想参加设计下一个探索火星的月球车的工程团队，还是想乘月球车飞向火星？你想做监督汽车工厂生产的工程师或工程技术师，还是想做工程专家，解释汽车特制的悬架的技术问题？你想设计、建造、维护还是修理汽车？

工程学和工程技术毕业生可以通往无数大门，你必须选择穿过哪一扇门。

工程师富有创造力?

许多人不会将工程师描绘成富有创造力的人。许多人将创造力与艺术家或作家画上等号。工程师除了更加务实，与艺术家别无二致。他们发现问题，运用创造力寻求解决办法。例如，世界各地千千万万的人都不喜欢做家务，大多数人更愿意与朋友和家人共度时光，而不愿意打扫房子。正是工程师运用他们的创造力，着手处理、解决，至少减轻了一些耗时的家务活，比如吸尘。

由于消费者认定吸尘是一件麻烦事，现在我们就有了智能机器人吸尘器，可以自动吸尘拖地，这样我们便可以做更有意思的事情。新的房子在墙里都已经装了吸尘系统，厨房也有自吸系统，而且戴森公司一直在努力设计出更好的吸尘器。事实上，回顾过去 10 年先进的清洁体系，就可说明人们多么频繁地运用工程师来寻求更好的清洁办法。擦洗式泡沫每天可以自动清洗你的浴缸，快捷清扫器可以为你的厨房拖地，便携式电动清洗器使普通消费者不用任何其他特别设备就可清洗房屋和其他不动产的外墙。想象一个没有洗碗机、微波炉、洗衣机、烘干机、冰箱或冷柜的世界，没有工程师，许许多多的日常琐事会困难得多。

在其他技术层面，工程师想出办法，让过山车如何在 4 秒钟内以每小时 120 迈的速度向前猛冲而不会造成伤害。他们想出办法，让汽车如何以电或能源电池技术为动力，使我们的空气更加洁净。他们生产医疗器械为医生所用，保持我们身体健康，在食品产业中，他们使巧克力和麦片味道更好。工程师让电子音乐、电子邮件和通信更便捷，努力拯救濒临灭绝的动物，改善我们的环境。

今天我们市场上一些最令人称奇的发明和技术就是通过解决问题这一路径而获得的。一名工程师想出一种办法，于是就有了这些发明。看看自行车老照片，人们希望自行车跑得更快，能上下山路，更舒适，工程学为此带来了变化。为了让自行车能够在大路以外驰骋，穿过山间小径，工程师设计出受力更大的轻型车架、减震器、辐条和轮子来冲抵在大路以外的道路上骑行时的阻碍。在汽油价格飞涨时，越来越多的人希望骑自行车上班上学，工程师设计生产出一种折叠式的轻型自行车，可以带进办公室，很方便地存进学校的更衣柜。在需要更快的自行车赢得环法自行车赛胜利之时，工程师也将此设计出来。每一年，工程师们都回到设计版上，对自行车加以改进。10 年后自行车会变成什么样子？这要靠你和你的想象来告诉我们。你有能力使世界更美好，人民更安全、有更多乐趣、可以做更多事情。

工程师长什么样?

慢慢地，工程专业正在变为电视和互联网上的主流。有线电视正在播出越来越多关于工程学、循环利用/回收和设计的节目，开始体现工程师的魅力以及他们在社会中所发挥的重要作用。在每个人都更精于工作时，工程师将以其解决问题先驱者的形象受人景仰，他们减少飓风的灾害，探索其他星系，帮助治疗灾难性的疾病。这将是一个工程师倍受尊重的世界，人们会说“工程师拯救了那些人的生命”“感谢你，工程师”。

目前，美国有 230 万工程师，从事从设计到销售的各种各样的工作，包括测试、制造、培训、市场营销等。你会发现工程师在田间地头、办公室后台、生产车间、消费场所，甚至在飞机上工作。工程师设计、制造、建造、研究、写作、调查、展示其发现。想象工程师设计迪士尼乐园的交通工具，在一座大桥内来回匍匐以检查压力裂隙，这些都很容易，但工程师有时也在幕后默默工作。我们会发现工程师检测空气质量，或者研究新的、更安全的方法处理有害物质。他们可能在寻找办法拯救濒危动物，或者正在开发更安全的食品、先进的农业技术、减少犯罪的方式。

为什么选择工程学

上工程学校要求付出许多时间和精力；不过，随着技术的不断发展，对工程师的需求量以及当工程师的回报也会增加。当工程师最流行的一些理由包括：

• 个人幸福：人们选择学习工程学的一个主要原因是出于个人幸福。平均来说，人们每天 8 小时、每周 40 小时、每年 50 周花在工作上。一天只有 24 小时，最多时间花在工作上，上班、谈论工作上的事、想工作上的事。研究表明，在美国，人们不开心的主要原因是工作不满意。因此，为什么不找一份可以给你幸福的职业呢？它为你提供财政安全，多样性和灵活性，提高社会地位，促进智力开发，给你挑战和个人满足感。在工程方面有幸福感和自豪感，那是因为大部分项目都起源于新的点子。许多事情从无开始，最后出现了一幢吸人眼球的大楼、一座壮观的大桥、可以完成多项任务的机器人、卓越出众的汽车，或者是可以拯救生命的医疗器械。新的点子和最终成品的多样性使工程师的工作特别有意思。

• 与其他聪明的人一起共事和旅行：喜欢与其他人共事、旅行的人可以做销售或片区服务工程师。那些喜欢生活中比较宏观一面的人则可以做系统工程师，将各种物件组合在一起。创造型人才、不断冒出新点子的人可能愿意做设计工程师。喜欢做实验、愿意在实验室工作的人则可能愿意做检测工程师。不管哪种情况，工程师都与其他聪明的人一起，在当地或在客户所在地来解决问题。

• 当医生或律师：根据美国医疗协会的统计数据，具有生物医学工程学士学位的学生被医学院录取的比例比有其他学位的本科生要高。如果你想做环境法方面的律师，本科学习环境工程是一个好的开始；机械工程学位会为想当专利律师的人奠定一个好的基础。

• 成为企业家：工程学也可以是成为企业家的好路径。事实上，公司执行总裁中工程师比其他任何一种本科学位都多。究其原因，这是因为他们通常先有发明，然后成立公司进行市场营销。其他工程师成立建筑、环境或咨询公司，因为他们的知识有很大的市场。有些人成为发明家，有些人成为教师或作家。三位学工程的学生甚至当上了美国总统（乔治·华盛顿、赫伯特·胡佛、杰米·卡特）。

• 领导工程类公司：许多工程师为了成为更好的管理人员、更全面地了解工程类公司的内部运作而去攻读工商硕士、博士。许多人毕业后到金融公司工作；他们会编写软件程序或制作金融模型来预测华尔街的情况。

• 学会如何思考：选择工程专业最好的一个原因，是因为工程专业教育能教会你如何想透一个问题从而求解。这些思维技巧在解决问题方面会帮你一辈子。解决工程问题最让人着迷的是几乎从来就没有一个“正确”答案。你使用几种不同的办法来解决一个问题，向大家展示你的解决方案如何达到设计要求。

• 改变世界、帮助他人：工程专业是一个最具有人道主义精神的领域。工程学就是要让人们的生活更美好。

成功取决于你自己

记住：这本书只是帮助你决定是否要当工程师的一个信息来源。现在，你应该开始阅读你能找到的有关工程学的所有材料，与你认识的工程师和工程专业的学生交谈，了解之后会面临的挑战，以及准备迎接挑战的办法。参加一次你的学校、附近社区学院或大学的工程专业的夏令营或类似项目。为这一职业做准备再早也不算早。你接触工程方面的东西越多，你就会有更多的机会，为迎接前方的挑战做更好的准备。

一项通常被忽视但特别有价值的工具是交际技能。如果你参加集体体育项目，你就明白团队合作对于集体的成功必不可少。每个队员为集体贡献不同的力量，缺少任何一个人的努力，团队都不可能有效率。工程设计的工作方式完全相同。团队的每一个成员都按自己的长处做出贡献，最后学习/设计的将是一件极其优秀的成品。锐步的一名高性能鞋品工程师詹尼弗・奥西夫指出："交际能力是贯穿一生的技能，需要不断加以注意并提高。不幸的是，在工程专业的课堂上并没有怎么教过，不过，你可以通过实践自己来学习。你必须对此用功，因为不管你多么聪明，如果你不与一起共事的人交流，你的好主意不会为人所知。"人们相互学习、相互提高，共同承担按时、不超预算地完成项目的责任。有知识、有效率的团队通过发挥每个成员的长处，可以创造出不同凡响的结果。

工程师应该会与各类不同的人很好地交流。每个成员带给团队的是一套不同的技能。重要的是要认识到不同的观点、不同的思维方式正是使产品、团队具有吸引力和让公司超凡脱俗所需要的。不同类别的人一起工作，通常会使细节更丰富、设计或终极产品更优秀。

参加数学或科学类的课外小组活动，如加入机器人小组。在工程类或制造业公司打零工或参加夏季实习也会让大学的招生部门感到你对工程职业的严肃态度。现在有许多吸引学生的科学和工程类的营地活动。

专业准备对于探索工程职业也很重要。在高中阶段，代数一和代数二、三角学、生物、物理、微积分、化学、计算机编程、计算机应用或工程学的成绩都可以告诉你是否在学业方面准备好去学习工程专业。工程学校录取并不需要学会上述所有课程，但是前期的准备可能意味着在大学是花 4 年还是 6 年时间。许多学校的入学条件还包括对一门外语两到三年的学习。考察你感兴趣的学校，开始针对他们的要求进行准备。建议选择 AP 课程或者参加快班学习，能在 ACT 考试得 20 分、SAT 考试得 1 000 分。

夏令营

参加夏令营是准备工程职业的另外一种新型方式，也可以测评这一职业是否适合你。找出学习工程专业是怎样一种情形，不同类别的工程师每天都做什么。全国许多大学都开办住宿型或给当地的初高中学生的工程夏令营；这些夏令营年复一年人气越来越旺。这些夏令营可以帮助学生培养自己的领导能力、职业和个人的组织技能，也组织参观当地的工程公司，提供机会与工程师见面和交谈。

工程师南希·弗莱明说，她在高中时有机会通过维齐塔州立大学的工程夏令营了解工程专业。尽管她对数学通常都感到很吃力，在她决定上工程大学时，她说：“我还记得坐在教室里想，我应该是这里最笨的人，然而，之后我的成绩慢慢提高了。我必须改变我的观点。”

人们极力推荐通过参加工程夏令营了解入行情况。这些夏令营通常是全国的工程学校所主办的，可能包括应用工程，如吉他制作，生产体育设备，设计新型能源器，制作滑翔机、飞机和火箭，编写视频游戏。你还可以在附近一所大学了解大学的工程或工程技术学院，或者查询工程类夏令营电话表，访问 engineeringedu. com 网站。

学生竞赛、比赛

感受工程专业的另外一种好办法就是去了解由不同的工程学会或协会主办或赞助的学生设计竞赛。开办这些竞赛是要激励学生，激发他们的兴趣。竞赛强调团队合作，让学生真实感受到设计过程、团队活力和环境以及材料费用。

以下是几个广受欢迎的竞赛：

• 英特尔国际科学工程展示会（ISEF)。这是科学与公众协会举办的活动，是世界上最大的大学前科学展示竞赛。网址：www. societyforscience. org。

• 促进工程、科学和技术竞赛（BEST)。这个机器人竞赛让学生通过动手解决真正的工程问题，比赛紧张激烈，参赛者同时也获得生动有趣的经验。网址：www. bestinc. org。

• 第一机器人竞赛。公司、大学与高中联手举办的高科技机器人体育活动。网址 www. usfirst. org。

• 数学很重要。为 7、8 年级学生举办的全国数学辅导和竞赛活动。网址 www. mathcounts. org。

• 未来之城。学生们通过现实生活教育活动以一种兼顾挑战性和趣味性的方式来学习数学和科学。网址 www. Futurecity. org。

• 国际建桥比赛。建筑和检测桥梁模型让高中学生通过桥梁建设获得动手技能。通过参与建桥比赛，同学们按照具体要求设计桥梁结构，然后建起桥梁承担其功能，这样他们体会到一名工程师的工作状态。网址 www. Bridgecountest. phys. iit. edu。

• 工程教育服务中心海报竞赛。这是一项平面艺术竞赛，学生们用画面展示他们对工程职业的理解。网址 www. engineeringedu. com。

工程学会（如美国机械工程师学会、土木工程师学会、电气和电子工程师协会、制造工程师学会）中的学生分会也赞助一些竞赛。这些竞赛一般都比较复杂，由工程专业的学生组队在国家一级开展对抗，与其他大学的工程专业学生进行比赛。比赛项目要求各支队伍都有出色的沟通和协调能力，应当遵守严格的时间限制。奖品包括奖杯、奖金和奖学金。例如，美国土木工程学会（ASCE）赞助一项本科生“水泥独木舟”比赛。独木舟必须完全由水泥制成，能浮在水上，并与其他学院的学生制作的水泥独木舟进行划船比赛。

社区服务中的工程项目

如果你正在考虑把工程学作为改变世界的一种途径，你会很高兴了解社区服务工程项目（EPICS）。社区服务工程项目鼓励本科生设计、建造并安装真正的系统，为地方社区服务台和教育组织解决工程类问题。珀度大学是社区服务工程项目国家项目总部所在地。

社区服务工程项目吸引那些想对社区有所改变的学生。当前，社区服务工程项目总部包括来自 10 个州的 50 所学校以及 23 个国际站点，2 200 多名学生参加。这些人中，44%是女性，61%是少数族裔。

性格匹配

选择一个能够与性格相匹配的职业很重要。你应该尽可能多地了解你自己，到职业指导中心做性格测试，与朋友、家人、指导顾问、你的数学和科学老师进行交谈。查看招聘广告了解雇主的要求，与当地工程或工程技术大学联系，看看大学是否提供参观或者为高中生提供项目。

职业安置和咨询中心通常提供迈尔斯布里格斯（MBTI）类型测试，这种初级测试会告诉你你是怎样的人，喜欢在怎样的条件工作以及你看待事物的态度。这一测试旨在比对你与已经在一个特定职业中的人的兴趣差异。另一种资源是费尔德学习风格指数，你可以在网上免费测试。有些人完全适合于做工程专业中的“动手者”。动手者乐于在工程公司的一线工作，从事设计、改进或维护系统和产品。而另一些人则更适合于将工程知识用于研究、销售、市场营销、培训、写作和教育，他们都可以在所有这些领域为社会做出有益的贡献。

适合工程专业的性格多种多样：

- 外向或内向；
- 精于变革、挑战，在困境中快速成长；
- 工程师可以是领导者或者喜欢受他人领导；
- 他们可能很勤奋，一生都致力于学习；
- 他们应对压力的能力不一，在交际方面有的出色，也有的很平庸。

朋友和家人也能给你很好的职业指导意见。一般来说，你很难客观对待自己的性格。朋友们可能从你的个性中看到你从未意识到的长处，也会看到你不希望他们注意到的弱点。家人可能比你更容易看到是否匹配。

想想过去你做过的事情。你最喜欢什么？你发现最让你沮丧的或者最不喜欢的是什么？如果有人帮你解决了那个让你沮丧的问题，你还是不喜欢吗？还是你感到自己已经战胜了挑战？你从这些事对自己了解了多少？观察你的那些当工程师的朋友、邻居和亲戚，问问他们你能不能和他们一起上一天班。许多公司都有一个被称为“带孩子上班日”的项目。

劝诫一句：没有针对工程职业“对”的性格，正如没有哪类工程师是“对”的。如果你真正有兴趣，想解决问题，愿意付出努力培养技能，培养自己对数学和科学的信心，那么科学和工程可以为你提供一个平台。工程职业需要各类工程师，也有各种各样的工程师。

自我评估

一旦你决定工程专业是你的正确选择，那么就要继续行动。

• 把你喜欢做的事情列在一个清单上。

• 写下你对完美工作的设想。你想在室内还是室外工作，在办公室还是在实验室工作等。

• 写下你的优点和缺点。

• 想想为什么一份特定的工作很适合你的性格或兴趣。

因为工程专业能够很好地结合你的兴趣和职业，所以它可以带你启程走向你的梦想职业。一旦你的评估完成了，翻到本书的第二部分，通读那些吸引你的职业之路。在你阅读的时候，想想你对上述问题的答案，看看你能不能把喜欢做的事情融入到可以发挥你的长处和兴趣的工作之中。一旦你发现接近了自己理想的道路，参加一个夏令营或者一项竞赛，你可以对这些领域进一步探索。与在本地开设这一专业的大学进行联系，参观这个系或者进行实地了解。如果你真想上大学学习工程或工程技术专业，这本书为你提供了探索的机会。

第二章

选择工程或工程技术专业

苏联1957年发射人造卫星时，美国人将此看作对自己技术领先优势的威胁。美国人担心自己在科学技术方面已落后于苏联。这促使一些大学提供的工程专业课程减少了实用性（减少实验室时间），增加了理论性。这种做法使设计师（根据数学模型可以设计实物的人）离工匠（根据设计的要求制作出实物的人）越来越远。不幸的是，在教育过程中，大学里不培养动手经验，工程师再也没有办法说清楚他们想在实验室制作的东西。对于招聘工程师的大型公司，这一点不会造成问题，因为公司有资源来培训工程师了解实验室设备。但是，小公司需要新聘的工程师能够立即上手，这些公司就会有很大麻烦。

工程师应该有更多的应用知识和实际经验，这种需要促使大学开设了工程技术学位。虽然有些工程技术专业可以追溯到20世纪40年代，这些专业真正广受欢迎还是始于20世纪60年代。工程技术可以是本科学士学位（通常4～5年），也可以是诸多工程专业的专科学位（通常2～3年）。获得工程技术学位的毕业生的工作头衔通常是设计工程师、制造工程师、质检工程师、销售工程师、系统工程师、工厂工程师等。他们的职责与工程师相似，通常情况下，在学士学位层面，用人单位并不区分工程师与工程技术师，他们都是以工程师身份被录用的。

不过，并不是所有的公司都采用同样的态度。比如通用电气只招用工程技术毕业生担任工程师，而且要求他们除学位外还有几年的工作经历。工程类和工程技术类工作的区别与工程师在每个公司和行业所发挥的作用有关。工程技术并不是一个更逊色的学位，它只表明学生掌握了将工程知识在一个公司或行业加以运用的技术。不管你选择什么，无论你在哪个专业，你都应该认识到你必须学习一辈子，这样你的技能才能不断增长，并且不会过时。

本书中：

- 工程师被定义为获得了工程专业学士或研究生学位的人；
- 工程技术师被定义为在工程技术的任一领域获得了学士或研究生学位的人；
- 工程技术员被定义为在工程技术专业获得了专科学位或结业证书的人。

世界上工程师、工程技术师和工程技术员的工作机会很多，他们都运用科学、工程学和数学原理和理论来解决技术性问题。工程师和工程技术师是以工程师录用的，而工程技术员则是以技术员录用的。技术员的工作比起科学家和工程师，通常范围更窄，一般都是动手型的工作。

工程师通常生产“一种独特产品”或者是“首创产品”。航天器是工程方面的杰作，第一部手机也是。但是，当手机生产商想一年生产一百万部手机时，工程技术就变得更为重要。在许多设计方案中，工程师勾画出“骨架”结构，工程技术毕业生则注入“血肉”细节。

工程师通常都非常专注于一个特定的领域。他们运用理论改进或开发产品、技术和系统。技术师也设计和开发产品、技术工艺和系统，但也会与工程师共同参与研发，运用创造力开发一些产品雏形或测试现有的研究成果。其他一些人从事质量控制、监督产品和流程、开展检测，或收集数据。在生产部门，他们从事产品设计、开发、质量控制、工程检查、销售或生产。他们可以是监工，联结专业设计人员与一线工人。每一台机器都有设计者、生产者或组装者、安装者、维修人员，还有调试人员。工程师和工程技术师通常是设计人员，但技术师也可以生产机器，对机器进行检测，支持由工程师主导的设计过程，并加以调试。比如，技术师可以确定工艺参数，这样机器就可以生产出高质量的部件，技术员通常对机器进行安装和维修，并编程。举另外一个例子——开发一个新的灯具：工程师将自己的想法画在纸上，技术师加以落实，并关照到灯具各部件的关联性，技术员则负责具体运用和维修。

工程技术师和技术员的作用

工程技术师和技术员会从事机器的规划、设计、检测、操控和分析、流程安排和安装等工作。他们可能对运营和维修进行监督检查，安装或操作一些零部件，或者在实验室对零件和设备进行测试。他们也会写报告，与团队中的其他成员进行沟通，展示他们的发现成果。负责质量控制的技术师应确保产品符合要求。中层管理人员中的技术师应该是工程方面和厂家之间沟通的桥梁。在实业工厂，技术员可以使老的设备重新焕发出生命活力。对教育有兴趣的技术员或技术师可以做机器操作方面的培训员，确保医院、公司和个人都了解使用新设备的安全、有效程序。

工程师

工程师经过培训后都专注在一个领域，如电气、机械、生物医学、化工等。他们想知道事情发生的原因，想了解问题背后的理论基础。工程专业的教育所教的就是一个特定领域的理论基础。

工程师将创造力、创新能力、解决问题的能力、数学和分析思维用于自己所设计或要改进的项目或工艺之中。

工程学位的优势包括：

- 提升空间大于专科学位；
- 比工程技术更容易继续读研究生课程；
- 履行开业执照申办手续时比持有技术学位的人更方便；
- 毕业后工资高，一生中都有很好的挣钱能力；
- 教育很宽泛，提供了继续深造成为医生、律师、作家、教师和企业主的基础；
- 理解高等数学可以使你更好地了解周围的世界，将此用于解决现实问题令人愉悦；

• 在本科层面一直都有很好的就业机会；

• 工程师通常可以上升至管理阶层，在职业生涯中挣得更多；

• 回报很大，可以设计产品和（或）工艺流程，从而拯救生命、造福人类。

工程学位的缺点包括：

• 工作压力大——尤其当工作与生命和安全联系在一起时。如新的医疗设备按具体设计要求、时间规定和预算水平而生产。一旦设计出错，便会威胁到人的生命或安全，工程师的工作（和心态）就会处于不可知的状态。若设计出错，可能永久吊销工程师职业执照；

• 在校时间比专科长（学费更贵）；

• 工作量不可预料，有时会很大；

• 晋升竞争激烈（上级根据所看到的业绩来决定是否具备晋升能力）；

• 毕业时掌握的实际操作能力较少。工程专业的学生通常很少有机会学习工商、制造、艺术或写作课程；

• 要经过大量的抽象的数学学习，专业课程强调微积分、数学和分析工作。

工程技术师

本科层面的工程和工程技术专业类职位的界线现在越来越模糊，因为如今两者的领域和职责的交集比以往任何时候都要多。工程技术是专注于运用既有的科学、数学、工程和技术原理。技术师是将工程原理和技术用于解决问题、将理论与问题的各个方面结合起来的专家。工程技术师从大处，并且以实际应用的方式处理问题。工程师和工程技术师都会设计产品解决一个问题，但工程师会发现新的技术（如微波）或开发出新的工程原理和运用。而技术师通常运用新的技术开发一件产品（如微波炉），改装、建造、安装、维修一件新产品或工艺。工程师会设计产品解决一个问题，技术师则会开发工艺来迅速、低价、高质量地生产那件产品。因此，技术师可负责解决应用过程中出现的问题。

在额外研修一些课程后，技术师在一个更宏观的层面帮助开发或修改一项设计。工程师主要集中在产品方面。有些工程师也会参与工艺设计，但多数情况下那是技术师的工作。

工程技术本科学位的优势包括：

• 在世界各地始终都有极好的就业机会；

• 具有一定的免遭外包到国外的保护，因为他们在机器和其他产品生产过程中发挥作用；

• 教育中工程理论少，更多地强调运用。课程中可能包含了实际项目。上班后可以马上“上手”；

• 工作有挑战性，回报高；

• 可以受聘做工程师，在职场与工程专业的学生竞争；

• 雇主看重你受教育过程中解决实际问题的一面；

• 有许多学习领域。

工程技术本科相对于专科学位的优势包括：

• 比技术员有更大的晋升空间；

• 毕业后工资就很高，一生中挣钱潜力更大；

• 技术师的教育很宽泛。工程技术师因为学习数学和科学相对少一些，可以选更多样化的课程，比如与工商、制造等相关的课程；

• 工程技术师通常在管理层爬得很高；

• 完成了更多的数学和科学要求（如果需要的话，可以更容易转向工程专业）。

工程技术本科学位（相对于专科学位）的不利方面包括：

• 上学时间更长（学费更高）；

• 转向工程领域或专业项目可能更难，因为后者对数学要求更高；

• 工作压力可能很大；

• 即使从事工程设计工作，在美国的一些州也可能拿不到工程师执照，因为不是所有州都允许这种学历的人成为职业工程师；

• 从事工程工作的机会可能受到限制，因为一些大公司的政策是仅招用四年工程专业的毕业生；

• 可能与工程师从事类似的工作，但得不到承认，拿不到同等报酬。

对于有远大理想的技术师，还存在大量合适的硕士学位项目。获得硕士学位会拥有更多与技术相关的管理和工作机会。在工程类企业中，最适合职业晋升的学位是：

• 工商管理硕士；
• 技术管理硕士；
• 工程任一领域内的理学硕士；
• 工程技术理学硕士；
• 工业管理理学硕士；
• 计算机科学理学硕士；
• 技术/技能教育理学硕士；
• 产业与制造工程理学硕士；
• 技术博士。

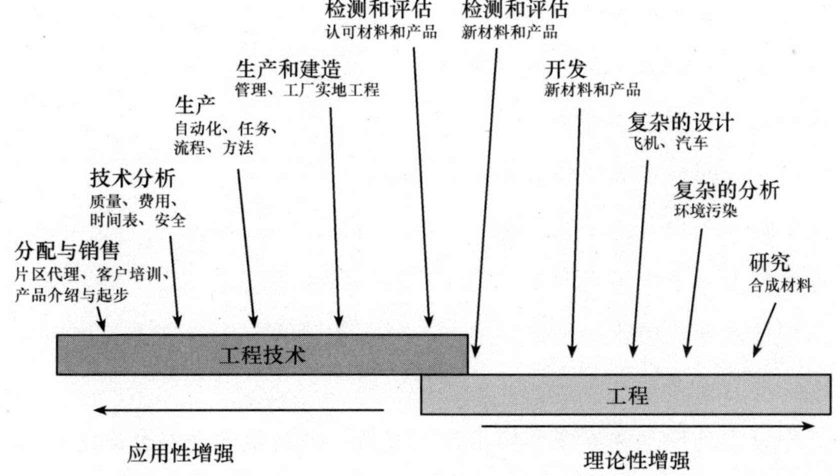

图 1　工程技术与工程对比

工程技术和工程专业理学学士之间的不同。征得美国机械工程师学会和卫奇塔州立大学同意后重印于此。

工业界在工程和工程技术之间一般不做学科领域区分。工程技术学科与等同的工程学科基本平行。授予学士学位最多的学科按顺序排列如下：电气电子、机械、工业、建筑、土木、制造、计算机、通用工程技术。其他不那么多的学科按顺序排列为：建筑设计、航空、化工、制图与设计、核、海工、电子机械、自动化、采矿和冶金、制热通风和空调。参见附录工程技术认证委员会（ABET）认证的工程和工程技术专业一览表。

工程技术员

取得专科学位的工程技术员致力于在实际中运用工程技术原理，比如研究与开发、产品设计、制造、生产流程等。工程技术员从事研发、生产或安装设备、准备并开展试验、收集数据、计算或记录结果、进行初步分析，还以其他方式来辅助工程师或科学家，如制作新设计设备的雏形。他们也参与设计工作，通常使用计算机辅助设计和（或）计算机辅助设计制图设备。需要工程技术员的地方还包括运用技术安装和维护机器，为系统与人之间的交流提供帮助。

工程技术员是拥有工程技术领域专科学位或结业证书的人。一些技术员在军事学校受训，许多人在非学分制项目内接受培训，这些项目可能不涉及或极少涉及诸如英语或人文学科的通识教育课程。

工程技术专科学位的优势在于：

- 对于只上两、三年学校的人工资很高；
- 上学时间较少（这一选择也节省费用）；
- 世界范围内工作机会很多，工作外包的概率不高；
- 工程技术专业毕业生是许多地方小公司招聘的首选，这些单位岗位职责更多元，成长潜力更大；
- 工作多靠动手，并不要求技术员一直待在办公室内或办公桌前；
- 有时候公司会掏钱让你完成本科学位；
- 通常在就近的社区大学学习；
- 工程技术认证委员会认证的项目可以提供转至工程技术本科项目的学分。有时这样做会很难，参见第 26 页关于转学分的不利方面；

• 数学和科学为实际应用学科，不像工程专业那样重理论；

• 更多专业课程——所有学习的技术课程都与专业相关，通识教育课程要求最少；

• 由于许多领域多名技术员服务于一名工程师，因此技术员的就业机会比工程师更大；

• 一般来说，压力更小，下班后就不用考虑工作上的事。

工程技术专科学位的不利方面包括：

• 就业竞争更加激烈；

• 很难从技术员转向工程师，因为通常情况下，工程技术专科水平的理科课程不是以微积分为基础，因此必须重新上理科课程。一些社区大学有办法避免这一劣势，比如“二换一”转校协议以及提供桥梁联通课程；

• 除非自己寻找接受高等培训的机会，职业中长期灵活性较小，晋升机会少；

• 如果自己不寻找高等教育或培训机会，使自己的工作技能与时俱进，工资提升的空间会越来越小；

• 工作会有压力、要求高（但负责内容不会像工程技术师或工程师那样多）。

职业工程师是什么？

职业工程师是得到州政府颁发的执照可以从业于工程行业的人（各州发证标准相似，但有所不同）。大多数工程师和工程技术师都没有拿证——大多数工程工作无须拿证。不过，想要拿证的工程师必须通过一项历时 8 小时、名为“工程原理和实际”的书面考试，才能成为职业工程师。许多州将工程师的头衔限定在那些有资格的人身上，他们成功参加并通过了工程基础（FE）和政策与操作考试。

要成为职业工程师，你应该：

1. 毕业于工程认证委员会（EAC）或工程技术认证委员会（ABET）认证的工程或工程技术大学专业；

2. 在职业工程师指导下工作 4 年（工程技术毕业生为 7 年）；
3. 通过工程基础和政策与操作考试。

实习工程师

大多数州都给刚出校门、还没有 4 年或 7 年工作经历的人一份名为实习工程师（EI）的预注册证书。通过 8 小时的工程基础考试后你就可以拿到实习工程师证书了。要成为职业工程师必须先拿到实习工程师证书。事先没有通过工程基础考试的人没有资格参加原理和操作考试。

实习工程师考试的前半部分是考察你一般性的工程技能，后半部分集中于一项特定的工程领域，如化工、土木、电气、环境、产业或机械工程。尽管证书不授权工程执业（你无权在向公众公布的文件、项目上签字），只要你在一名职业工程师的指导下，他监督你的工作，你就可以从事工程类工作。这是全面注册考试程序中的第一步。然后，你获得 4 年经历后，你就可以参加职业工程师考试，这一考试专门对应于你学习的工程专业和正在从业的工程类别。

在大多数情况下，工程师和技术师由州颁发执照，负责设计及安全。在多数州，拥有本科学位的技术师可以参加工程基础考试，这是成为职业工程师的第一步。不过，这已经比较少见了。现在，一些州对工程技术本科毕业生注册进行了限制。工程和勘探考试国家理事会法规定（从 2020 年 1 月 1 日开始）："参加 8 小时工程原理操作笔试，要求实习工程师具备由得到工程认证委员会或工程技术认证委员会认证的机构颁发的工程硕士学位，或同等证书，并且有 3 年以上工作进展的专门记录。"另外，"该法将实习工程师定义为得到工程认证委员会或工程技术认证委员会认证的、专业颁发的工程证书、硕士学位，或同等证书，并且通过工程基础考试"。

有关成为职业工程师的规则和要求，参见职业工程师国家学会网站 www.nspe.org 的注册与教育栏，或者你所在州的职业工程师委员会的网站。

第三章

准备上大学

“教育是打开机会之门的钥匙。”

——乔治·华盛顿·卡佛

你现在已经做出决定，要接受工程专业教育，你应该尽早为之做准备。在网上搜搜关于学校和大学的信息，联系你感兴趣的工程学校，浏览这些学校的网页，询问他们的项目和夏令营活动，帮你为大学做准备。你可以要求与工程专业的学生交谈，联系当地的工程公司，要求参观。大多数公司都会乐意带你走一走，解释他们的业务。一些公司鼓励工程专业的教育不断取得进步。比如，一家公司提供暑假实习生项目，让工程专业的大学生每年都可以在他们的工厂上班。另外，有些公司会赞助一个工作展示项目，让初中和高中学生到他们的工厂或实验室去看他们的研究项目。

在最基本的层面，大学的目的就是开启一扇大门。你会接受全面的教育，还会掌握专门的技术知识和技能。大学教会你如何思考，如何解决模棱两可的问题，以及怎样运用如设计和模拟软件等工程工具，从而让你为就业做好准备。

追求工程或工程技术职业可以有几种不同途径。你可以上社区大学或中专、职校、技校、州立大学或其他的公立或私立大学。学业也包括短到一年甚至更短的时间修得的文凭，两到三年的专科学位，四到五年的学士学位，每条路径都有其优势和劣势。重要的是你要对自己的教育负责，不要让任何事阻碍你实现自己的目标。大学课堂教育的期许是你愿意独自做研究，并且动力十足。大学课程与高中有很大不同，也会更加受用。

社区大学项目

社区大学是工程和工程技术项目的一种资源。工程专业的学生常常从社区大学开始，完成低年级部分或学校提供的工程预科项目，然后转到大学去。通常情况下，社区大学课程比同比的大学课程招生的规模要小得多，两者通常是 15～30 人对 100 多人，社区大学教育也更具有个性化。社区大学容易进、费用低，提供多元的项目和服务。

此外，还有许多学生从社区、技术或中等学校拿到技术工程大专学位。工程技术大专学位的一项优势是毕业之后能立即上手工作。大专项目通常提供理论应用的实际课程，强调动手能力培训，不同于本科学位专注于理论知识课程，培养技能和知识，启发深度思考，这是研究和设计工作所需要的。雇主乐于雇用技术员，因为技术员的经验使他们具备了知识、动手技能，经过适当培训就可以在工作中取得成功。

如果你高中的分数不能让你进入心仪的大学，或者你不能完成大学录取所需要的全部数学和科学课程，在社区大学花两年或更短的时间完成低年级课程，可以让你达到要求，进入你心仪的大学。社区和技术学校可以让你在压力相对较小的环境中提高数学或写作技能。此外，交换生情况国家研究中心的一份研究《逆向转校：学生从四年向两年制学校流动全国概况》表明，从社区大学转出的学生比那些一开始就上四年制学校的学生表现更好。

按照美国社区大学协会的说法，社区大学的基本宗旨是不设门槛，也就是任何想接受高等教育的人都可以被录取。但也不要过于停留在字面上，大多数学校还是有先决条件、高中学位、普通教育毕业证和语言技能等入学要求。对于有些人来说，社区大学是继续教育的一个交换站；对于其他一些人，这是通向就业或个人提高的最近一站。

上社区大学的优点是：

• 入学方便——开放式入学意味着学生可以在任何时候入学，在任何一个学期开始时开始课程。准备不足的学生可以上发展提高课程，为大学水平做准备。一定要检查你所申请的社区大学的入学条件，确保你不要错过他们设定的时间限制。

• 价格便宜——许多学生利用相对较低的费用在转校前完成本科学位前两年的课程。学费和其他费用平均起来比大学要低。

• 职业准备——不想拿本科学位的学生会发现专业和课堂上提供的知识和技能能满足许多职业领域的需要。

• 社区大学的教授拿工资后是要教学的，不是做研究，所以教学更受重视。

• 社区大学的班级规模通常要小一些，所以学生拥有更多机会与教授直接进行交流。

• 许多工程技术类的大专学位项目得到工程和技术认证委员会的认证。

• 许多社区大学存在接续协定，可以让毕业生以低年级身份直接转入大学专业（参见下一页接续协定）。

• 两年后可拿到有价值的证书（大专文理科学位），本科学位项目读完两年什么也拿不到。

上社区大学的不利之处是：

• 转移学分的过程可能不会很顺利；

• 在大三到一所新的大学可能是一项很难的社会转变。比如，与同班同学交朋友可能会很难，这些人已经有两年一直在一起了。

四年制学院和大学

全国各地都能找到授予工程和工程技术专业学士学位的学院和大学。在这些学院，你可以完成学士学位全部四年课程，或者在另一所学院或初级学院学习不超过两年，将学分转过去。学生将时间和金钱投资在学士学位上，一辈子都会受益。在整个职业生涯里，学士学位所增加的挣钱潜力通常要高于最初多付出的费用。学院和大学为学生提供独特、全面、灵活的学习机会，你在其他地方是怎么也找不到的。

当你考虑到学院和大学学习获得工程学位时，请注意很多学院和大学要求你的高中成绩单上有微积分和物理成绩，然后才会录取你。你应该开始考察入学要求，在申请之前决定是否还需要上其他课程，或者了解是否有其他的录取办法（如，临时办法或接受普通教育）。

工程和工程技术之间的一个区别在于所有的工程学校都获得了工程技术认证委员会认证，而仅有略高于一半的工程技术学校获得了工程技术认证委员会认证。如果你要上工程技术学校，一定要保证你选的工程技术学校有此类证书。行业决定每个专业要学习的内容，行业的执业人员和学术界的教职人员到校园核实，以确定学校的确达到了标准。

转校协议

转校协议是教育项目之间签订的合同，保证在一个机构所上的特定学分课程得到另一个机构的认可。这使得学生可以在社区大学完成学士学位课程的一部分，然后在大学里完成剩余的部分。此外，社区大学通常与地方和州立大学合作，签订转校协议，保证他们的课程，而且大多数情况下是他们的大专项目（2+2 项目）可用于学分转移。

转校协议有几类。询问你的指导老师或你现在学校的招生办公室以及你要转入学校的招生办公室，了解全部信息：

• 接收转校生保证（TAG）项目旨在使从社区大学转入四年制大学更容易；

• 2+2 项目保证整个专科项目可转移到另一学校，学分不减少；

• 一些高中项目，如先行者项目（PLTW）与当地的学院合作，课程对接，这样，学生可以上高中水平的工程课程，积累学院学分；

• 大学先修（AP）课程可以保证那些愿意努力学习、通过了特定的 AP 考试的学生都可获得学院的学分；

• 预科高中和其他项目可以提供双学籍课程，在学生还在上高中时就可拿到大学学分；

• 一些州还提供技术教育选修课，允许如电子、机械和计算机辅助设计等职业教育课程转换成大学学分。

工程专业课程设置

工程专业的课程设置学校之间各不相同，不过，大多数学校只要求你在二年级期末时声明专业兴趣领域。工程学校的前两年集中学习基础课，如化学、微积分、物理，还有静力学和动力学这样的机械课程。通常也要上英语、人文、生物这样的课程。

工程学校的第三年和第四年通常用于学习专业课。多数大学要求学生在第四年完成一项设计项目。项目可以小组完成，也可以单独完成，要解决现实问题。学生可以选择自己感兴趣的问题，当地企业也可以提交一个他们正在考察的问题。一般来讲，项目要求一份研究报告，对设计过程和结果进行陈述。

管理好你的时间

工程专业很严格，要求很高，要在工程学校取得成功，你需要有些手段。你必须自我约束，愿意对自己的教育负责，同时有效管理自己的时间。在大学，“真正”的学习通常是在教室外完成的，在教室内花的时间要少一些。一般的情况是，在教室内每花 1 个小时，学生在教室外就得花上 3 个小时，对于非技术专业，只需花 2 个小时。好的时间管理体系可以让你参加课外活动，可以丰富你的经历，你未来的老板对此会感兴趣。

巧妙学习

亚历山大·阿斯丁是《大学里重要的是什么：重访大学四年》一书的作者，他说学生教育的质量直接与他的“参与程度”相关联。阿斯丁说工程专业成功的学生必须将适量的时间和精力用于学习。你必须：

- 安排好学习时间，在下一课开始之前掌握本次课的材料，经常与同学分享信息，定期参与小组学习和合作式学习；
- 在课堂和教授办公室经常与教授进行互动；
- 尽可能待在校园；
- 参加学生组织工作。

你还应该列出一份你可以不时进行比对的计划，列出你未来的目标以及现在从事的活动与实现这一目标的关系。在遇到困难时，这会帮助你看清形势。

想想你的学习习惯，并准备进行调整，你就会极大地提高学习质量。上学之后减少其他事务，你受的干扰就会减少。注意其他愿意参与小组学习的人。定期拜访教授。参加你的工程专业在当地的学生协会。你会为自己是班上最优秀的学生而骄傲。

找一名导师

找一名导师并与他保持良好的关系，这是个很不错的主意。导师可以帮助你了解工程专业是否是你正确的职业选择，他们可以通知你一些机会，如工作见习、暑假工作、工程夏令营或其他机会，让你自我了解。他们可以帮助你开发技能、处理学校或工作中的问题。

找导师有许多方法。想想那些可以与你讨论职业的人，谁会对你的目标产生特别的兴趣？你敬佩谁？你想模仿谁？在你感兴趣的领域选一名导师，但不要仅限于这种办法。重要的是你要找一个你尊重、敬佩并谈得来的人。

一些学院和学生工程组织有导师项目来支持学生。问一下你的指导老师或职业咨询员学校现有的项目，或者他们是否认识高年级的愿意帮忙的人。一种导师关系要求付出大量的时间、精力、信任，并且需要学生对自己的目标和理想愿意开诚布公。如果你愿意付出这样的努力，你就会发现有一名导师会极大地帮助你实现自己的目标，找到一份绝好的职业。

选择正确的学校

选择适合你自己的工程或工程技术学校，就像车轮应该适合汽车一样重要。你的选择会融入你的许多爱好。做出选择并不会很容易。几百所学校都有工程专业，有些学校有工程专业宿舍，有些提供工程专业兄弟会或女生联谊会，有些在市中心，有的分布很散，离得很远。每个学校的优缺点都因你个人的需求和希望而定。大多数就要上大学的学生应考虑的重要事项包括地理位置、费用、师资、学校规模和学术水平。

• 地理位置：除了离家的距离外，地理位置还指气候以及周边地区的工业类型。如果你的专业有对应的工业，那么暑假实习、合作项目和临时工作的机会会大大增加。这些工作经历可以让你在毕业后就业。

• 费用：上学的费用可能是决定选择哪一所学校非常关键的因素，尽管你的决定不应该仅仅限于费用一项。一般来讲，公立的学校没有私立学校那么贵，上本州的学校比上其他州的学校学费要便宜，但在任何一所学校都有多种方式来筹集资金。大多数工程学会都提供奖学金（参见工程学会表 www. engineeringedu. com)，联邦政府和州政府提供拨款和贷款。临时工作、合作项目、校园工作也可以帮助你减少上学的费用。查看你感兴趣的学校的财务部门，了解你能获得什么样的拨款和贷款。给工程专业打电话，了解学校里给即将入学的学生提供奖学金的情况。军队也可能有机会为你的教育提供资金。国民警卫队在大学生中很受欢迎。空军和海岸警卫队、海军陆战队、商船海运队、陆军和海军提供优惠的教育机会，条件是要承诺在军队中服役一些时间。

• 师资：师资雄厚让你更容易获得好的教育。教职工多元化会拓宽你的阅历，使你为和来自不同背景的人共事做更好的准备。教师会将大量的经验和专业知识融入教学中。要确保是教师而不是研究生在授课。当你进入大三或大四时，老师的研究变得更加重要。要选一所这样的学校，学校里至少有一名教师在你感兴趣的领域正在从事研究或者执行项目。这名教师可以成为你人生中极富价值的楷模，让你与有共同兴趣的人直接交谈、学习。

• 学校规模：一些学生会在意学校规模。大型学校人更多元，能做的事情更多，但通常缺乏规模小的学校里教师和学生间的那种互动。在规模小的学校，你会熟知班上的大多数人，但在大型学校你会遇到更多的人。在大型学校和规模小的学校，你都会接受出色的教育；选择哪一种仅仅是你个人的偏好。

• 学术水平：学术水平可能是选择最适合你的学校的最重要因素。学校的专业应该得到工程和技术认证委员会的认证。工程和技术认证委员会的认证保证了学校的专业设置符合国家有关师资、课程设置、学生、管理、设备、机构配置等方面的标准。选择一个工程和技术认证委员会认证的专业项目，你可以放心学校的师资达到了国际标准，这一专业在职业圈里也很受重视。

一些学生喜欢顶尖大学所带来的竞争气氛，另外一些学生发现自己在更加放松的环境中做得更好。两者都需要花大量功夫在学习上，尽管一些专业项目会更具有挑战性。选择最适合你个性和理想的氛围。

一些学校要求他们的学生自己带计算机，一些学校则配备了计算机室。了解一些学校是否有免费辅导，教授是否贴出了答疑时间，你是否可以将问题电邮给教授，你的问题会不会很快收到答复。另外一个需要考虑的因素是学校图书馆，是不是很容易在那里找到你要的资料？学校有没有专门的工程图书馆，或者出版工程期刊？

学生通常都喜欢加入职业组织的学生分会。在你大学经历和寻找职业途中，这些组织都是极好的资源。许多组织都举办与其他学院的比赛。了解一下你想要学习的工程专业的学会在你考虑的学校里是否有学生分会，要了解学生分会和他们的活动，参见本书关于不同工程专业的章节。

获得认证的专业项目

一些工程学校与法学院、医学院等职业院校很像。他们开设本科和研究生专业，在职工程师到现场提供培训和辅导。一些工程学校开设五年制课程，将工程本科与工商管理硕士结合起来。希望了解管理基础、制造业、大型系统工程和领导能力的学生认为这种结合很有吸引力。

为了吸引对工商有兴趣的学生，一些学校开设工程创业项目。喜爱技术创新的学生可以学习将高科技概念推向市场所需的技能。这些人气很高的课程使用真实的案例分析，请嘉宾演讲，集中考察成功的高科技起步企业中发明者和创立者的作用。所涉及的话题包括机会评估、从概念到产品成型、知识产权、资源收集（员工、合伙人、资本）、高科技市场战略、高科技公司中的领导能力，以及最后的成果收获（退出一项业务的各种办法）。

设计这些项目的目的是帮助学生准备在技术方面做出决策和制定政策，以及准备工程行业之外的职业。课程关注更宽泛的技能，如书面和口头交际、管理、经济学、国际关系。

产学联合和实习

合作教育或产学联合的经验是指工程专业的学生将专业学习与在政府部门、企业或工商业的工作交替进行。比如，学生可以做一项平行的产学联合项目，一边从事非全日制工作，一边非全日制上学，也可以完成传统的产学联合项目，工作 6 个月，然后上学 6 个月。好的产学联合项目是那些有经济困难、非传统学生完成学业的最好解决办法。有些产学项目没有报酬，但提供极好的工作经验。

因为联合项目时间更长，你得到的经验更有意义。此外，产学联合的经历也向你的老板证明你有经验，有坚定的信念在自己所选择的领域工作。今天市场竞争激烈，你需要尽一切能力来确保你是最好的。

工程实习是让你跨入大门的另外一种途径。一般是在一个工程公司从事与你专业相关的暑期工作。皮克斯动画工作室的大卫・塔纳卡开始时每个暑假都实习，从而开启了自己成功的职业生涯。在他毕业的时候，一旦出现职位空缺，他就是首选。如果你想在工程公司获得实习职位，找一家你喜欢的公司，开学后尽早申请（递交一份简历）。许多学校都有职业服务部门，帮助学生联系产学和实习单位。这些中心都是上学期间和毕业后求职的好资源。早起的鸟儿通常有虫吃。

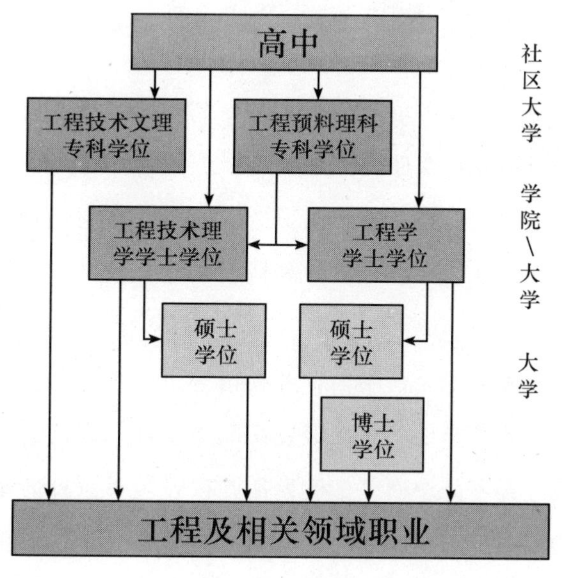

图 2　进入工程队伍的通道

这是进入工程职业最普通但并不是唯一的通道。

得到美国机械工程师学会同意后重印于此。

第四章

工程行业中的女性

工程行业需要创造力、创新能力、沟通技巧以及对所从事的工作的热情，彼此交流意见，培养与家人、朋友和环境互动的手段，改变世界。我们在工程行业队伍中需要女性，因为她们处理问题时有独特的视角和办法。长期以来，妇女都在运用创造力、创新意识、现有工具和材料解决家人吃饭、住房和穿衣等问题。比如，编织可以是一种高技术手艺，最早的一些程序性制造业就是在纺织车上完成的。

聪明的公司明白，要在市场上获得竞争优势，聘用女性工程师来为女性设计产品非常重要。如果设计团队不全面、人口的代表性不足，那么公司可能会发现自己并不能全面了解问题所在以及设计选择方案，或者他们不知道怎样评估自己的局限性、问题潜在的解决方式。由于全球竞争增强，女性在工程行业短缺，现在是女性加入这一行业的好时机。工作机会很多，许多公司急切要招聘女性。

当下的美国经济比以前任何时候都更依赖于高技能、高科技人才。这很有道理，因为工程师运用知识、技能和工程设计流程来从事产品生产，包括工具、结构和流程，从而解决问题。他们利用现有资源：时间、材料和劳动力来完成工作。作为一个群体，女性也很想利用工具从事生产，解决问题、生产产品，或者简化流程。

有些妇女走得更远:

• 希斯尔·耐特是社会机器人这一日益庞大领域的先行者，该行业调查机器人以怎样的方式影响我们每天的生活。她获得了电气工程和计算机科学学位，是著名的社会机器人学者，一直在寻找新的方式使机器人更有魅力，赋予它们必要的个性和社会技能，用有意义的方式与人进行交流。

• 凯瑟琳·莫尔博士是一名机械工程师，正在开发下一代手术机器人和机器人操作程序，以让患者康复得更快更好。她在用机器人辅助手术方面的研究拓展了医学的领域。

• 阿达·拜伦·罗夫莱斯与现代计算机前身的发明者英国人查尔斯·巴巴奇有过合作。她于 1843 年拟定了一篇科学论文，预测开发计算机软件（包括软件这一术语）、人工智能、计算机音乐。美国国防部电脑语言阿达就是以她的名字命名的。

• 阿曼达·西多西娅·琼斯制作食品真空罐头的方式彻底改变了整个食品加工业。1800 年以前，妇女不能以本人名字注册专利。专利被认为是财产，而在许多州妇女不允许拥有财产。这样，与 19 世纪女性发明家通常所采取的行动一样，琼斯否认是自己想出的发明，承认是接受了她去世的兄弟在过世后给她的指导。

• 安吉拉·莫兰博士是一名材料工程科学家，从事研究确保生产海军最关键设备（如飞机、海船和武器）的金属和其他材料能够抗压和满足其他用途的需要。

• 玛丽·恩斯尔·彭宁顿用她所发明的绝缘车厢为食品运输带来革命，这些车厢用冰床加以冷却，第一次使长途运输容易腐化的食品变成现实。

• 玛丽·安德森于 1903 年发明了汽车雨刷器。1916 年时，它们已经成为所有美国汽车的标准配件。

• 贝拉·路易丝·亨利因在 20 世纪二三十年代的许多专利发明而被誉为“女爱迪生”。她的发明包括无线轴双线连锁缝法缝纫机、手臂可以折叠的玩偶、真空冰淇淋冷柜、内部装有收音机的玩偶、可以不用碳写纸就能打印多份的打字机。亨利成立制造公司来生产她的发明，挣了不少钱。

• 赫迪·拉马因她所说的“每个女孩都可以光彩照人。你要做的就是静静地站着，一幅一无所知的样子”而闻名于世。这位20世纪40年代的女演员发明了一项复杂而独特的针对纳粹雷达的抗干扰设备。尽管美国作战部拒绝了她的设计，她的专利过期几年后，西尔韦尼亚将此设计修改后用于一种设备，今天这一设备在世界各地加快了卫星通信。拉马没有得到任何金钱、承认和荣誉。

• 格蕾斯·穆雷·霍普是美国海军的一名少将，她开发了通用商业语言，计算机最早的高水平语言之一。霍普还是使计算机“虫”这一术语流行的人，一次她发现一只飞蛾阻断了早期一台计算机的工作。1991年，霍普成为第一位女性获得国家技术奖章的个人。海员的一条驱逐舰——霍普舰，就是以她的名字命名的。

• 斯迪芬尼·科沃勒科斯于1966年发现了一种尼龙溶剂，从而催生了凯夫拉尔，这是用于船体、车身，还有可能是最为重要的防弹背心上的一种关键材料。

• 露丝·汉德勒最为人知的是芭比娃娃的发明者。她还是为做了乳房切除手术的病人最先生产假体的人。

• 博尼·J. 旦巴博士帮助开发了一种陶瓷片，这种瓷片可以使航天器重新进入大气层而不会受损。1985年，她作为一名宇航员登上飞船，有机会亲自测试了这些陶瓷片。

女人们常说，她们选择工程业作为职业的原因包括为社会做贡献，从事一份有灵活性、令人愉悦和有回报的职业，以及知道“像我这样的人”天生适合这种工作。

以下是一些女性在工程职业中所从事的工作的一些例子：

• 为动物园建造栖息地，保持动物的安全、健康（化工、机械或生物医学工程）；

• 制作新的药品，考察治愈如癌症这样的疾病的方法（化工、医药或生物医学工程）；

• 制作新的仿体设备，使盲人可以看见（生物医学、计算机、光学和电气工程）；

• 利用 DNA 处理犯罪问题（生物医学、计算机、化工和遗传工程）；

• 寻找新方法保护雨林（生物、农业、土木、环境、计算机、机械和电气工程）；

• 开发新技术使我们喜欢的食品味道更好，保鲜更持久（化工或食品、制造业和产业工程）；

• 为游乐园制作新的展品和带给游客兴奋的乘行体验（机械、土木、结构和电气工程）；

• 在美国和国外工作，保证所有人都有安全、健康的水供给（土木和环境工程）；

• 开发电脑软件帮助孩子们学习阅读、书写或交流（计算机、电气或软件工程）；

• 开发新的能源形式，减少美国对外国石油的依赖（土木、材料、机械、电气、化工、可持续和环境工程）。

根据美国工程教育学会统计，2010 年所有本科学位中 18.1%的获得者为女性。各科授予女性本科学位的比例为：

• 环境工程（43.1%）

• 生物医学工程（37.0%）

• 化工工程（34.5%）

• 农业和生物工程（28.8%）

• 产业/制造业工程（30.1%）

• 材料/冶金工程（25.4%）

• 建筑设计工程（23.2%）

• 工程管理（25.6%）

• 土木工程（20.3%）

• 电气工程（11.6%）

• 机械工程（11.5%）

现在的一个好消息是年轻女士在各州数学考试中分数都很高，并不逊色于男学生。比起男生，更多的年轻女孩从高中毕业后进入大学。这就意味着许多大门为女性开放，让她们了解选择工程职业存在很多让人称奇的机会。利用团队工作、合作解决问题和交流技能，职业可能性几乎无穷无尽。不只是在工程行业，而且在工商业、政治、法律和医学，这些领域也受益于解决问题的创新性。工程行业中的女性可以顺着自己的足迹，探索多种方式来改善我们的世界。

有一个很好的网站值得大家去探索，网站的名称是“你的工程师生活”，是针对高中女生工程职业的指导。在这里，你能了解工程师的生活和工作情况，观看给人启迪的工程师视频，阅读你梦想中的工程职业的描述。按照 www. engineeryourlife. org 的说法，有十大理由让你爱上工程行业：

1. 热爱你的工作，同时也有自己的生活——工程是一个令人兴奋的职业，但它一个最大的优势在于它会给你留出时间，去追逐生活中你所喜欢的其他事情。

2. 富有创造力——工程行业是施展想象力绝好的行业，是独立思想家的最佳领域。

3. 与优秀的人才共事——工程行业要求团队合作，你会与所从事领域内部和外部的各类人员打交道。不管他们是设计师还是建筑师、医生或企业家，你周围的人都很聪明，给人启迪。

4. 解决问题、设计有用的物件——想出其他人没有想过的解决办法。在世界上留下你的印迹。

5. 永远不会感到厌烦——解决问题的创新方式会将你带入未知领域，同事们的观点会让你了解不同的思维方式。请你为要发生的奇妙的事情、你的才能以未曾预想的方式得到延展做好准备。

6. 挣大钱——工程师不仅赢得尊敬，他们的收入也很高。即使是入职的起始工资也是让人很动心的。

7. 享受工作的灵活性——工程专业的学位给你很多自由，寻找自己的理想工作。它可以将你输送到工商、设计、医药、法律和政府部门。对于雇主或研究生院来说，工程专业的学位反映出一个人受过良好的教育，学习过分析和解决问题的方式，这种教育和能力会让他在各种领域都取得成功。

8. 旅行——在基层工作是工程行业的一大组成部分。你可能要为伦敦设计摩天大楼，或在亚洲开发安全的饮用水系统。再者，你可能离家很近，与附近的一家高科技公司或一家医院合作。

9. 有所贡献——不管你往哪里看，都能看到工程行业对我们的日常生活产生积极影响的例子。汽车更安全，声音体系提供更好的音质，体检更精确，电脑和手机更有趣！你会回报你的社区。

10. 改变世界——想象一下，如果没有污染控制系统来保护环境、没有拯救生命的医疗设备或低成本建筑材料来反对全球的贫困，生活将会怎样。工程师以切实和具体的方式在拯救生命、防护疾病、减少贫困、保护我们的星球。

第五章

工程行业中的少数族裔

到 2020 年，世界人口会达到 80 亿。在美国，西语裔美国人将占人口的 17%，非洲裔几乎会占 13%，白人美国人的比例将从 75.6%下降到 67.5%。到 2050 年，白人美国人比例将不足人口的一半（美国人口普查局 2009 年对国家人口的预测）。

随着人口状况的变化，工程行业的劳动力结构也必然会变化。多样性对于工程行业良性发展很重要。在最基本的层面，男人、妇女、少数族裔、残疾人对世界的感知并不相同。这些不同的感知是每个人创造力和灵感的核心或源泉。当创造出来的产品和服务能满足社会需要时，技术创新就最为活跃。不同的文化会贡献出新的观点，应该欢迎这种贡献的价值。促进能反映人口状况多元化的工程队伍，我们就可以获得以下利益：提高生活水平，新的职业机会，更多的人参与项目，获得产品，促进经济繁荣。医疗更进步、国家更安全、环境管理更完善、经济增长，这些都是健康多元的工程人才队伍的指标。

文化并非总是由种族而定，可以是一套大家共同拥有的价值观念、态度和目标。即时短信网聊（IM）、短信、社交网站和聊天室很流行，这也是一种文化。年轻一代让这种通信方式大受欢迎，因为满足了他们在思维方式和行为方面与他人不同的需要。2009 年，美国 2.86 亿人共发送 50.9 亿条短信。学生还发现青少年使用短信网聊做家庭作业比约会还多。满足多元社会的需求，我们必须培训出多元的工程师，了解大家的通信爱好、世界各地各种文化的社会和政治动机及其变化。

20世纪70年代，国家科学基金会的一项研究表明，少数族裔（亚裔美国人除外）在工程行业中所占比例严重偏低，从此以后，工程行业努力招揽少数族裔的工程师。现在很多项目试图让少数族裔的学生、家长和老师了解这一领域，为工程专业少数族裔的学生提供导师和支持。有专门针对少数族裔的夏令营、竞赛和奖学金；一些学院也设立了工程专业少数族裔或工程专业多样性的项目；许多公司也成立了多样性或多元文化部门。虽然少数族裔的入学率提高了，但工程师的实际数量还是很低。

按照美国工程教育学会（ASEE）的统计，2010年授予少数族裔本科学位的比例为：

- 非洲裔美国人（4.5%）
- 西语裔美国人（7.0%）
- 亚裔美国人（12.2%）
- 其他（1.2%）
- 白种人（69.8%）

两大学会为工程专业中的少数族裔提供支持：

1. 黑人工程师国家学会（NSBE）成立于1975年，是第一个服务于工程和技术类非洲裔美国人的组织。黑人工程师国家学会在美国有3万多名成员、300多个分部，支持并促进在校大学生和预科班的学生以及技术专业人员完成梦想。学会的宗旨是“增加黑人工程师数量，使他们在文化上有责任心，在学术上有成就，在职业方面取得成功，对社区产生积极影响”。

2. 西语职业工程师学会（SHPE）于1974年由一群受雇于洛杉矶之城的工程师在加州洛杉矶成立。这是第一个为西语社区服务的组织。他们的目标是形成一个全国性的职业工程师组织，在西语社区作为大学的榜样。他们的宗旨是：“西语职业工程师学会通过提升西语社区的能力，使大家能开发出自己最大的潜能，从而改变大家的生活，另外还通过科学、技术、工程和数学的认识、使用、支持和能力开发来影响世界”。

第六章

“哇！”工程职业

我们日常生活中的科技含量越来越多，许多人现在将工程专业视为一种大有市场的技能。许多新出现的非技术领域也需要具备工程师用逻辑方法解决问题的能力。

并不是每一个工程师都想要走传统工程行业的老路。对于受过教育的非主流化的工程师，有大量各种各样的机会。和平护卫队、工程师无国界、幻觉工程、音乐工程、体育工程、绿色和替代能源工程、发明和创业都有机会，这些只是诸多可能性中的几个例子。工程师还从事法律、医药、教学、金融、写作、政治、销售、工商方面的工作，因为他们的分析和逻辑思维能力在几乎每个行业都是资本。

和平护卫队

约翰·F. 肯尼迪在 1960 年竞选总统时开启了和平护卫队计划。和平护卫队以一种和平的方式为国家工作。计划的目的是教授可以传授的技能，在你回家之后很长时间还能帮到别人。现在，90 多个国家都有和平护卫队志愿者。

雇主希望招聘那些欣赏多样性、懂得适应新环境和具有全球视野的人。和平护卫队提供给人们一种从不同的文化和环境角度来生活和思考世界的个人经历。

比起刚从大学毕业的学生普遍的经历，它使新任职的工程师能负起更大的责任，获得更实际的经验。要更详细地了解和平护卫队里工程师的生活，参见环境工程部分查尔斯·莱特的文章。

和平护卫队让土木、机械、结构、卫生、建筑或环境工程师有机会来培训人们全面开发城市或城镇计划，改善供水、卫生和交通系统，修建道路、医院和市政大楼。其他工程专业的毕业生可以教学校的孩子们数学或科学。

和平护卫队的箴言是“这是你热爱的最艰苦的工作”。这一冒险般的工作始于8到12周的语言培训，通常是在东道国，你要在那里待上两年。在那段时间，你可以获得宝贵的职业和动手能力，所有费用都由他们承担。

和平护卫队志愿者回到美国后在职业方面大有优势。他们优先得到政府工作，并且还拿到再调整津贴，这是对他们作为志愿者所花时间的补偿。

工程师无国界

工程师无国界（EWB）是那些旨在全世界范围内提高人民生活质量的项目的领军者。2002年，本纳德·阿马戴创立了工程师无国界（ewb－usa. org），这是一个位于科罗拉多州布尔多的一个非营利组织，用来支持世界各地自发的社区开发项目。工程师设计和实施可持续工程项目，帮助那些不幸的村庄和社区引入食品和水这样的基本供给。工程师无国界现有1.2万成员，在48个国家工作，实施400项项目。阿马戴看到“行善可有大成，其中蕴藏着巨大机会”通过“以受人遵从的方式提高当地人民的能力”来使世界各地的穷人变得富裕。

丹尼尔·索尔尼是来自波士顿的一名土木工程师，他帮助中美洲洪都拉斯山区一个小村庄的人们建造了一个水管和蓄水系统，帮助大家将清洁的饮用水输送到家里。在项目建成之前，村民不得不走到已经被污染的河边，然后抬着一桶桶脏水上山运到家里。由于水质很差，他们经常生病、营养不良，小孩子也常常死去。现在，他们打开在前院里的水龙头，就有清凉、干净的泉水。他们比以前更健康、更幸福，还有额外的水来种植蔬菜。

索尔尼说：“项目建设是我们工程师无国界成员与住在村里的居民共同努力

的结果。我们贡献了技术设备和工程知识，他们的贡献包括地方知识经验和似乎永无休止的重体力劳动。整个项目，包括两英里的管道壕沟，都是用手工建成的，用的是镐、铲和人的一双手。我们在晚上做工程计算，计划建筑活动，找出不断涌现出来的新问题的解决办法。我们白天从太阳升起一起工作到太阳落山，在华氏 95 度的高温下徒步上山，爬过钩状铁丝围栏，拉着管道、工具和测量仪四处走，还要努力学习西班牙语。我们午餐会停下来，吃大豆玉米饼，喝水，坐在山坡上，看着周围滚动的绿色山林，与在洪都拉斯结识的新朋友和同事攀谈。我们了解了世界上许多人的生活方式，从应对贫困和缺乏教育机会的挑战，到以种地为生和家族成员生活在一起的快乐。”

幻觉工程

你是否想过是谁设计和建造出世界各地的主题公园？去一趟迪士尼乐园，即使是最严肃的人也会充满震惊和惊奇。幻觉工程师负责设计主题公园的方方面面。这些工程师试着将科学与艺术融为一体，创造出如此接近现实的梦幻，你甚至无法将它们与现实分清楚。

游乐园只是提供富有刺激的乘骑体验，如过山车、旋转茶杯和滑水道。主题公园不一样，他们将游客送到一个不同的时空，围绕一个故事和一个主题。例如，太空山是迪士尼乐园的一个乘车体验，力图让大家相信自己身处太空，而实际上他们在一座人造的大山里坐过山车。

沃尔特・迪士尼于 1955 年 7 月 17 日创建了迪士尼，这是第一座主题公园。幻觉工程是迪士尼 1962 年创造的一个术语，指的是设计主题公园团队的工作。团队成员包括图画师、建筑师、内部设计师、产业设计师、平面设计师，当然还有工程师。想象力企业集团的纳特・纳弗森说：“工程师想出解决问题的办法。不管是按大小排列结构立柱、测量过山车上的剪切力，或开发一种新的电子设备让电子动物活灵活现，工程师做数学功课让各种物件‘立起来’。结构和机械工程是应用最广的专业”。

他们是怎样做的？幻觉工程师力图模仿所有五种感觉：视觉、听觉、触觉、嗅觉和味觉。也会刺激第六感觉，即想象力，将客人转移到幻觉工程师创造的魔幻世界。如果同时触及的感官越多，那么魔幻世界就越逼真。

想象力是第六感觉，因为没有想象力，其他感觉就没有那么重要。看看每一种感觉是如何受到刺激的。整个团队的人一起努力，可能只对一个感觉的某一方面加以诱导。例如，管理视觉方面的幻觉工程师团队包括建筑师、地貌风景师和光学工程师。管理声音方面的幻觉工程师设计调控情绪的音乐（还记得上次看恐怖片时的音乐吗?）。还有管理触觉、嗅觉和味觉的幻觉工程师。一般来说，如果景点的故事或主题能让人们真切地感觉到自己身处遥远的时空，那么这一景点就真的很有魅力。

不同于利用其他媒体的工程专业，幻觉工程师将艺术与科学结合创造出令人称奇的主题公园。你工作的目标是以人为主，而不是以技术为主。工程师喜欢全面利用技术的可能性，但是在这一行业，除了栩栩如生的电子人物和创新技术，客户的体验永远是第一位的。

要了解幻觉工程更详细的情况，准备去做娱乐工程师，以及未来的景点设计，可以找一本名叫《奇异的工程师：猎奇人员的主题公园工程师职业指南》的书来读读。

体育设备设计

体育工程是影响世界各地的运动员、体育产业和企业的一种很好的途径。这一领域的工程师是我们这个星球上最有活力、创造力和创新意识的工程师。这一行业不仅充满了各种好玩有趣的机会，而且在体育产品行业从业的大多数工程师是因为热爱体育、想提升业绩或提高体育整体水平才成为工程师的。要为奥运选手设计新的泳衣的公司倾向于招用会游泳的工程师，想设计新的棒球棒的公司倾向于招用会打棒球的工程师，正在设计高性能山地自行车的公司倾向于招用对自行车设计或自行车赛车有强烈兴趣的工程师。这一行业为喜欢运动的工程师提供了令人称奇的职业。

比如，化工和材料工程师在运动鞋产业会找到大量机会。制鞋商一直关注鞋底和鞋面的新材料，一直为具有最好的缓冲力、质量最轻、最舒适、附着力最好的产品而竞争。寻找新材料为长跑选手增加“呼吸能力”，为篮球选手增加弹跳力，为滑板选手增加附着力，为摔跤选手增加灵活性和吸附力，为跳远选手增加缓冲力，为骨瘦如柴的跑步选手增加力量和舒适度，这些让制鞋业成为有运动意识的工程师的一个具有挑战性和回报丰富的领域。

一双运动鞋：

• 机械工程师可以设计生产系统，进行动力分析和测试动力影响，参与设备模型的制造和（或）测试；

• 生物医学工程师可以设计一些系统进行运动分析，对受伤、压力类型进行生物机械分析，或使动感最优化；

• 化工、材料或纺织工程师可以开发或设计新的鞋底、制鞋的纤维或其他材料；

• 制造工程师可以设计一些系统或工艺，提高制鞋效率；

• 计算机工程师可以设计一些软件或硬件来帮助压力或冲力检测分析，改进生产工艺或信息体系；

• 工业工程师可以收集材料费用单和流通信息、费用标准，为新产品建议价格标准。另外，他们还可以参加了解和培训生产技能的活动。

要了解更多有关体育工程业或如何为成为体育工程师做准备，可以找一本名叫《高技能热投：体育工程职业》的书来读读。

音乐工程

音乐、声频、电气和电脑工程师是创造 iPod、电子乐器、麦克风、扬声器、耳机、音乐网站（如 iTune）、剧场音响和现场音乐会声响的团队的主要组成人员。他们从业于音乐工作室、视频游戏公司、手机公司和其他需要声音支持的软件公司。他们着力对音乐和声音产业进行革命性的改变，寻找新的方式来倾听、创造、存储和保存音乐（如在 iPod、手机等设备上的音乐）。

将工程、技术和音乐结合起来有许多种方式。一般来说，选择音乐工程或技术职业要求学生热爱音乐，同时懂技术，有创新意识。如果他们喜欢音乐，喜爱搬弄电脑，热爱电子和机械，或者喜欢小型装置，将音乐与工程或技术结合起来会通向令自己满足的职业之路。这不仅会带来职业上的成功，推出排行榜上最新发行的曲目，也可以成功地创造一些新的乐器，或者改变我们听音乐的方式。这一领域有诸多机遇，大门对勤奋、有志向的人敞开。

学生可以拿一份正规的工程学位、证书或音乐工程技术学位，也可以自学成才。他们上学可以是四年以上、两年、一年、一个月、一个星期或者一个小时。不管他们的爱好和志向在哪方面，总是有一条可上路的职业通道。音乐工程师最常见的专业包括音频、电气、计算机和软件工程。

要了解更多有关音乐工程业或如何为成为音乐工程师做准备，可以找一本名叫《音乐工作师：音乐迷在工程和技术方面的职业指南》的书来读读。

绿色能源工程

我们每个人每天都使用能源。我们不仅在行走、谈话、从事体育运动、进行正常的日常生活时使用能量（这些能量称为卡路里），也还需要使用能源来开动汽车、烤面包、看电视等。能源无处不在，形式多种多样。能源可以是动态的（电能、热能、地热、核能、光能、动能、水能或声能），也可以是储存的潜在能源（化学能、核能或储存能）。当能源可再生时，就意味着可再次利用。例如，太阳在照到电池板的时候，就会发出能量。太阳能可再生是因为你用了太阳能之后仍然可以再获得（牛顿第一热力学定律表明，能量不能被创造或消灭，只能从一种形态转化成另一种形态）。如果同样的能量由天然气提供，一旦使用了天然气，燃烧后的天然气就一去不复返了，因为天然气是非再生能源。

工程师都在努力设计我们利用再生能源的方式。在这一行业的工程师正在设计更为清洁的发动机，提高能源使用效率，也在开发汽车电动和混合能源电池及系统。其他一些工程师在提高风能、水能和太阳能的效率，还有一些工程师在探索开发利用风能、太阳能、地热、生物能源和潮汐能潜力的未来技术。这些都需要大家来培养、扩展和实施，同时还要满足人们日益增长的对大楼和交通系统更加环保的要求。

绿领从事的工作需求量都很高，如光伏和涡轮生产、安装、销售、研究和设计。再生能源技术使我们能源来源多样化，降低我们对进口燃料的依赖，提高空气质量，冲抵温室气体排放，刺激经济增长。这一领域的机会大量增加，工程师的工作也极有保障。现在做绿色能源工程师适逢其时。

要了解更多有关绿色工程的信息，可以找一本名叫《绿色工程师：拯救地球的工程职业》的书来读读。

太空工程

如果你喜欢做宇航员，到太空行走、制作火箭，那么一个好的消息是你几乎可以成为任一类别的工程师。美国国家航空航天管理局（NASA）为每一名科学家聘用 9 名工程师。他们聘用生物医药工程师制作航天服，聘用化学工程师协助生命支持体系，聘用机械工程师做各式各样的工作，聘用电气工程师负责控制体系。在这一领域的学生机会无限，你都无须减少你的兴趣爱好去取得成功。未来频道的“可靠的机器人”表示，一些工程师整天所做的可能就是“微调一套花费百万美元的微型照相机，让月球车在探索火星表面时‘视线’更好”。或者他们可能“在办公室设计远程控制的迷你月球车，办公室看起来更像是玩具公司的高科技研发实验室，而不是 NASA 的研究室”。

萨莉·莱德博士给学生提出了很好的咨询意见。她说：“我遵循的最重要的步骤是在学校里学习数学和科学。我想，我能给每个想成为宇航员的孩子的建议是他们应该知道美国国家航空航天管理局需要各种背景的人：医生、微生物学家、地理学家、物理学家、电气工程师。所以，看看你真正对什么有兴趣，然后尽可能为之努力，航空航天管理局肯定对这一职业有兴趣。”

美国国家航空航天管理局的工程师为我们带来了许多发明，如手持吸尘器、消防人员呼吸器、更安全的跑道、暴风雨警示系统、质量更优的太阳镜、汽车防撞技术、冻干餐、婴儿食品、更好的空气质量、假肢，还有很多很多。我们常常没有意识到美国国家航空航天管理局的工程师正在以何种方式改变我们的生活。

美国国家航空航天管理局的网站有许多信息帮助你来探索宇宙。观看航天器发射的视频，你甚至可以通过架设在坚固的火箭推进器上的摄像机来看。还有许许多多的图片，访问 www. nasa. gov，获取这些信息很容易。

动物保健工程

针对动物的工程医疗设备和生命支持系统对工程师来说是一个很大的领域。美国人每年都在宠物身上花几十亿美元。宠物关爱是一项朝阳产业，对工程师来说是一个神奇的领域。许多学生被吸引到这一领域，希望能够帮助各种体型的动物。工程师负责建造比如老虎这样的濒危动物或稀有动物的新型展览。他们要保证动物无法逃出住所，游客拥有良好的观赏区，不会侵入老虎的私有空间。为了达到这些目标，工程师需要了解老虎能跳多高，什么是最佳气候以及老虎是否喜欢其他老虎等信息。一旦他们得到了这些信息，就可以设计出让老虎开心的展览区了。

设计动物园是一件很巧妙的事，了解企鹅、河马、犀牛、长颈鹿等动物很有意思。设计工作本身与设计建筑体系很类似，但动物园使用的设备不一般。工程师通常会接受特殊培训，这很重要，他们因此熟知这一行业的最新变化。工程师不仅要研究并设计出针对每一种动物的最佳环境，还要通过美学创造使动物园的游客心情愉悦。动物园花钱购买新动物、建筑展览区来吸引更多游客、维持生意。

建筑师通常设计动物园的门面（从美学角度），需要工程师来使动物健康生存。为动物园工作的工程师被称为是生命支持工程师，他们的教育领域通常是建筑、土木、化工、生物医药、环境和机械工程。

经商中的工程

了解经商实际知识日益重要，因为越来越多的工程师开始组建公司。工程学院帮助学生培养创业技能，比如如何与风险基金投资人打交道，如何撰写企业计划，了解公司的经营流程。学生不仅要理解从技术上做出一项发明需要什么，还需要了解将发明推向市场的金融和市场因素。

企业界也需要工程师，因为他们理解并且管理一些大型事务。比如，开发一件新产品之后，如果最初需要一种原材料，工程师研究后发现所需原材料来源有限，公司近期就会出现原料短缺，经营模式不可持续。工程师可以寻找替代材料，保证生产可持续，同时减少对环境的影响。

产品发明

各类工程师在创业方面都有异乎寻常的成功史。有些工程师似乎生来就是发明家。他们好像生来就知道怎样提高效率，让物品使用更便捷，发明新产品，甚至怎样省钱。你周围能见到的几乎每一件东西都是由工程师们发明的。

发明一件产品意味着启动你自己的公司，或者仅仅是卖掉你的发明设计。如果你要出售你的发明设计，你可以要求购买公司支付所有生产和推销费用，收取一份版税或一次性付款。

如果你自己开公司，你要负责产品的生产和销售。开公司的好处是你可以自行控制自己的设计，还可以赚钱。不利的方面是你要事先投钱来生产出产品。

特写

今天就发明！

在看到一件玩具、一个游戏或一件小发明之后，你有没有想过“我本可以发明的”？或者，你自己有没有说过或听别人说过：“我几年前就想出来了，他们盗用了我的创意。”许多人有过这样的经历，因为他们有好的想法，但很少有人愿意将想法变成现实。那些这样做了的人被称为发明家。

如果你有创意，你可以做发明家，而且生活得很好。接受工程培训可以帮你将创意转化为实用的物件。奇妙的是，你都不用等，你可以今天就开始。

你十分了解小孩子和家里人使用的产品和服务，你认为自己可以加以改进，把你的创意记在一个笔记本上。发明家将自己的笔记本称为“发明家日志”。这些笔记不仅帮你记住自己的创意，也可以用来证明你比其他人更早地想出了那个点子。

你的发明家日志应该是钉在一起的一沓白纸。把创意画下来，用文字进行描述。在纸上签名，注上日期，也找一个朋友签名。如果你的朋友签名了，理解你的创意，他（她）在法庭上的证词可以帮你赢得任何一场关于谁真正拥有发明的官司。

发明家日志是你的第一道防线。如果你认为自己的发明有人买，你可以考虑注册一项专利。不过，获取专利很贵，除非你坚信你在出售或特许发明时能把钱挣回来，你不要把时间和金钱花在获得专利方面。专利有许多很诡异的规则，通读这些规则对你有好处。

保护自己的创意固然重要，但更重要的是将他们付诸实施，做市场研究。你需要了解是否其他人已经有了你正在着手做的同样的产品。人们不知道类似的产品很正常。毕竟单单是美国一年生产的产品就有几十万个，没有一个人能知道全部内容。因此，你需要与知道那些产品的人进行交谈。你可以询问有这一产品的商店的销售人员。如果你发现有公司在生产类似或相关的产品，你可以与这些公司的人交谈。你要充分向他们解释你的发明，这样他们可以有类似的想法。但是，要保护你的创意，不要把什么都告诉他们。

如果你发现你的发明在市场上没有现存产品，你可以开始按发明做一个模型。你的模型应该运转正常，这样你可以证明它是可行的，可以向其他人展示。许多人在这一点上停下来，认为做出来一件东西太难。但正是在这一点，你的恒心和工程技巧会产生回报。如果你有些部分不知道怎么做，你可以在自己的社区找一些专家来帮你。只要你有恒心，你就会成功。

做发明家的一大好处是你一直都在学习。你可能需要学习如何使用一件新工具、一种新材料。与其他有创意的人一样，发明家渴望学习，有好奇心，因为他们学习到的任何一项内容都可能帮他们解决一个问题，完成一项发明。

作为发明家你会不会赚到千万美元？大多数发明家并没有赚到大钱。但大家做事都很开心，如果你在商店里看到了一件你发明的产品，想想他们的感觉或者你的感觉。

带上你的发明创意开始干活，世界可能正等着你的小发明呢！

经西北发明中心主席、《物品发明》作者爱德·索比博士许可后在此重印。

政坛上的工程师

在影响和制定公共政策政府的各个层面，都可以发现有工程师就职。有3位工程师甚至当上了美国总统！

• 乔治·华盛顿，美国第一任总统，其对测绘领域的贡献广为人知，被认为是一名土木工程师。

• 赫伯特·胡佛，美国第31任总统，1891年毕业于斯坦福大学，获得矿产工程学位。他去了中国，作为中国的领头工程师在一家私营公司工作。胡佛因胡佛大坝而闻名，大坝以他的名字命名，不仅因为大坝是他在任总统时建造的，也因为他直接参与解决了大坝的一些工程问题。大坝最开始的名字是博尔德峡谷大坝。

• 吉米·卡特，美国第39任总统，上了佐治亚理工和美国海军学院。他作为工程师在海军服役，从事核潜艇工作，后来退休后管理家族的花生农场企业。

特写

乔治·华盛顿——美国第一位工程师

乔治·华盛顿继承了家族的财富，接受的正规教育很有限，是一位农场绅士，很小的时候就学会了过硬的测绘技能，是杰出的管理者、战略家和领袖。

华盛顿领导了一个朝着技术发展、发明和教育方向日益成长的国家。他倡导建设公路、运河、国会大厦、码头和港口、水运工程，加大产煤和矿产生产能力，并且发展制造能力。

在世界各地，技术正在获得与纯科学相同的地位。与华盛顿同时代的人包括詹姆士·瓦特（苏格兰的蒸汽机发明者）、约瑟夫·普莱斯利（英国化学先驱）、里查德·阿克莱特（英国棉花纺织发明者）、约翰·费什（美国蒸汽船发明者），还有蒙哥尔费兄弟（法国气球驾驶员）。

现在看起来，在华盛顿心中，第一位的是农业。有报道说，他作为年轻的测绘人员，第一次看到谢南多厄山谷时就激起了建立农业帝国的憧憬。长大后，华盛顿在弗农山作为烟草种植商安顿下来，尝试作物轮种、土地施肥、牲畜管理等创新型农业技术。他精确地预测了山谷极大的种植潜能。

作为美国最早的将军，华盛顿至少早于他的时代促进了一项工程奇迹。在革命战争时期，他将大卫·布什内尔的手控潜艇派到纽约港去击沉英国战舰。海龟号上唯一的操作员力图将一枚定时炸弹绑到英军雄鹰号的船舷上。任务失败了，炸弹爆炸之前就漂走了。当时技术还不够先进，无法达到华盛顿的目的，潜艇在以后 100 年内都没有成为海军的战斗力量。

1778 年 6 月 9 日，乔治·华盛顿将军在宾夕法尼亚的福奇谷发布了一项培养工程师和开展工程教育的命令。这一命令被认为是美国陆军工程学校的起源，这所学校位于弗吉尼亚的贝尔沃堡，华盛顿就是在那里做测绘工作的。在担任总统时（1789—1797 年），华盛顿于 1789 年推动通过了美国第一部专利法，并签署了美国官方的第一份专利，授予佛蒙特塞缪尔·霍普金斯制作草碱和珍珠灰的工艺。1794 年，华盛顿总统成立了一个炮兵和工程师部队，驻扎在纽约的西点地区并接受教育，这在后来变成了美国西点军校。

从运输到教育，华盛顿的工程愿景是超前的。在他 1799 年去世后，他所支持的许多技术都是美国工业革命的驱动力。在纽约建成了伊利运河（1817—1725 年），运河不久就将美国密西西比河以东地区联结起来。19 世纪 30 年代时，美国人口增加了两倍，大家通过运河、沿着河流、穿过新的大路和桥梁向西进发。陆军工程师部队开始了许多工程。

在 19 世纪中叶，铁路变成了人们最喜爱的交通模式。由此，美国向西发展了，华盛顿的愿景变成了现实。

工程专业文科学士学位

许多新兴的非技术领域需要工程师解决问题的逻辑分析能力。工程专业文科学士学位被认为是技术社会的文科学位。工程专业中的大多数文科学位的设计要比理科学士学位有更大的吸引力。学位课程通常是交叉学科，这些专业的毕业生可以在公共政策、管理、工商或社会其他部门供职，在工程方面全面的基础培训会使其工作受益。文科学士是将工程与文科教育结合的一种方式。不过，由于以文科为重点，工程专业的文科学士不能获得职业工程师执照。

第二部分

工程的多面性

工程专业是一个多元且具有挑战性的学习领域。并不是所有工程专业的学生都一个样，工程行业的市场也是如此。工程和工程技术有50多个大的分支、100多个专业，在这些领域学习的人都有一定的市场。你的个人目标、技能和个性将决定哪个类别、哪个专业适合你。

参见附录美国工程和技术认证委员会认证的工程和工程技术专业学习一览表。

工资信息

各学科收入的中位数源自美国劳工部劳动统计局 2010 年的报告。各学科的起始工资源自国家大学和雇主协会 2012 年的报告。

调查参与人员覆盖所有工程行业，来自各种不同的产业和岗位，拥有不同的注册地位。他们是全美境内不同种族的男性和女性。

影响工资的因素有很多。比如，你的工资水平会反映出你的教育水平、工作资历以及职务。有些地区，如纽约和加州，工资通常会更高一些，以补偿高消费。工资在不同行业之间、不同工程类别之间也不相同（参见以下部分来了解哪一类工资最高）。性别和其他因素也会导致工资不同。

航空、航天工程

起始工资中位数：64 200 美元

工资中位数：97 480 美元

航空、航天工程师为商务飞行、国防和太空探索进行设计和技术开发。他们可以帮助设计和制造军用飞机、导弹和航天器。在该领域，他们的专业可以是飞机结构、飞行动力、引导和控制、推进力和设计、制造，也可以是专注研究某一特定类型的飞机。商业航空公司、军用飞机、卫星、火箭和直升机都是有天赋的航空工程师可涉足的领域，他们也可被称为太空宇航、飞行或火箭工程师。

航空、航天工程师致力于制造几百个绕地球飞行的卫星、搭载千百万旅客的商用和军用飞机相关的工作。其他专业领域包括研发能够抗极端高温的材料、考察宇航员在太空的生物反应、降低声震对环境的影响。

从 1903 年的莱特兄弟到今天的国际太空站，航空、航天工程有了巨大发展。追求更安静、更省油和利用替代燃油的商用飞机、航天器和直升机的需求量大幅增加，这将为航空工程师创造大量机会。这是一个发展迅速，也是一个非常复杂的领域。随着人类尝试到月球之外旅行、探索各大星球，这一领域无疑会继续向前发展。

汽车和体育科学业也需要航空工程师。所有 50 个州都要求，如果工程师的工作对人们的生活、健康和财产产生影响或者为公众提供服务，那么他们就要注册。因此，职业注册对于航天、航空工程师特别重要。你可访问美国机械工程师协会网站（www. asme. org）的航天工程部分了解更多关于航空、航天工程的信息。

特写

航天工程毕业生在高尔夫运动和高尔夫球上留下自己的印迹

鲍勃·塞尔曼在工作中打交道的都是好看、身材好的人，但他并非时尚摄影师或好莱坞的制片人。塞尔曼是一名航天工程师，为威尔逊体育产品公司设计高尔夫球，在公司位于田纳西州洪保德的研究和测试厂工作。

洪保德远离罗马的时装通道和好莱坞的声像舞台，也远离我们认为一名航天工程师应该工作的飞机工厂和美国国家航空和航天管理局。

对于塞尔曼来说，通向洪保德的路，即投身为一家大型体育用品制造商设计高尔夫球的职业都始于他在田纳西戴尔斯堡的家乡。

“我在高中的时候，非常喜欢数学和科学，我就知道我想进入工程这一行。”他解释说，“在我申请密歇根州立大学时，我看了工程专业列表，航天工程听起来最好，尽管我对飞机从来都不是特别狂热。”

塞尔曼在上完大学一年级之后，作为合作教育学生进入了在新奥尔良的马丁·玛丽达公司。那里，公司正在为太空船制造燃油箱。对于一名工程学生来说，这份工作令人激动，但也有点让人气馁。

“我学会了很多东西，但我也看到几百名工程师在做同一项目。”他说，“我感到这并不是我能有所作为的环境。”

秋季回到校园后，塞尔曼发现了航天工程比与其他几百名工程师一起做大项目更吸引他的一面。

“我第一次走进柯尼希博士的实验室的时候，我就知道我找到了我想做的。”提到由航天工程教授基思·柯尼希正在从事的棒球棒和其他体育器材研究，他解释说。

尽管柯尼希的工作点燃了他想象力的火花，但是塞尔曼也参加了一些航天工程专业更传统的项目，包括学生航天飞船的项目。

拿到学士学位后，塞尔曼去上了研究生，但是命运发生了变化。

“我需要一份暑假的工作。我父亲工作的公司将原材料卖给在洪保德的威尔逊高尔夫球厂，他建议我向公司投一份简历。”他说道。

简历到了位于芝加哥的威尔逊公司美国总部，当时公司正将研究和开发业务下放。改革计划的一部分是田纳西的工厂需要一名工程师来设计和检测高尔夫球和其他高尔夫器材。塞尔曼被雇用了，从此以后他就一直在寻找改进高尔夫球的方法。

“上班第一天，我拿出一本空气动力学课本，找到一页涉及高尔夫球的内容。”他说。

不过，这并非说明他还没做好准备。

“工程学校教你如何解决问题。”他说，“他们不可能把一切都教给你，但可以为你提供一个坚实的好基础。在涉及具体应用问题时，你可以回忆已经学过的内容。”

“尽管飞机会颠簸摇摆，但是在强大的飞行力的作用下，从几何学上讲还基本上处于一种静态。”他说，“高尔夫球的飞行则完全不同。一离开球杆，球立即开始减速，而且旋转也开始减弱。”

小酒窝是留在高尔夫球表面的小印痕，有助于球从球座飞到球洞。“高尔夫球上的小酒窝实际上可以制造颠簸，让气流吸附在球上，产生一个较小的航迹，减少空气阻力。”塞尔曼说，“如果是很光滑的球，航迹与球分离的时间要早很多，航迹就很大，产生巨大的拖拽力。”

他补充说，决定高尔夫球性能的主要因素有三个：小酒窝覆盖的表面面积、酒窝与表面的切角，以及酒窝的深度。

“高尔夫球表面有小酒窝的最大量为80%，”他解释说，“最大的变量在于改变酒窝切入表面的切角以及酒窝的深度。”

一般来说，较深的酒窝让球飞得更低、更平，浅的酒窝让球飞行的轨迹更高，呈弧线型。塞尔曼说，关键是制造出的球的酒窝深度足以让球在飞行中旋转时能够在球周围产生空气颠簸。这样有助于球进入工程师所称的“力阻”，即球在空气中移动时所形成的阻力。

塞尔曼在毗邻实验室的一间办公室内工作。办公室一角充满了好几篮子表面上布满线、点和毡笔标记的球。在电脑键盘上敲几下，工程师就能设计出一个有1 000多个小酒窝的球，塞尔曼说，不过他设计的500个酒窝的球在威尔逊的职员超钛500比赛中非常成功。

“我并没有试着去开发500个酒窝的球，”他解释说，“只是正好需要500个来很合理地确定这一类型。”他补充说，酒窝设计合理的球可以飞行250码，而一个光滑的球能走120码就很幸运了。

在高尔夫球的酒窝类型方面有很多选择。找到最佳选择方案是塞尔曼工作职能的一部分，他是威尔逊空气动力学首席工程师和公司高尔夫研究检测经理。他在工作方面非常成功，他办公室墙上挂的两张高尔夫球设计美国专利就是证明。

但这份工作并不能让你始终顶着光环，停止不前。“大多数公司每年都推出一两项新的高尔夫球设计。”塞尔曼说，“四年前生产的设计型号如今已经不再生产。”

生产商必须遵守美国高尔夫协会制定的特定球重和大小标准。不过，酒窝设计和其他因素可以为不同类别的选手定制。

“有些球是给体型较高、身体有缺陷的选手而生产的，这些球就是要飞得远。”塞尔曼说，“另一方面，参加巡回赛的选手对距离的要求不是那样高，他们更在意球的感觉以及在绿地上对球的控制能力。”

威尔逊和其他制造商生产的球满足各种选手在不同情况下的要求，从满足残疾人需要到为特殊事件和促销活动定制的球，还满足日本和其他国家选手的喜好。

各种不同的需要将会让鲍勃·塞尔曼今后几年都很忙，这也是他所希望的。

“当你去美国甚至国外最好的球场，看到有人打的高尔夫球都是由洪保德这台电脑设计的，这就让我觉得这份工作意义重大。”

征得密西西比州立大学同意后重印于此。

农业和生物工程

起始工资中位数：68 000 美元

收入中位数：71 090 美元

世界上每 7 人中就有 1 个人在挨饿。2025 年时，28 亿人将面临淡水缺乏问题。人类对有限的自然资源有很大需求。

如果你想参与解决这个问题，农业和生物工程是一项很好的选择。农业和生物工程的工作就是要保证我们拥有充足的生活必需品：有安全和足量的食物吃，有纯净水的喝，有清洁的燃料和能源，有安全和卫生的居住环境。

农业和生物工程是两个彼此相融的学科，通常被称为生物系统、生物资源，或自然资源工程，所关注的就是寻找在这一个小星球上生活问题的解决之道。作为农业工程师，你会为农业体系、材料和产品创造新技术，这些东西有益于为世界上几十亿人口提供价廉物美的食品和纤维。你的专业知识可以使食品生产、加工、销售和流通的每一个环节都受益。

农业和生物工程为生产、储藏、运输、加工和包装农产品制定实际有效的解决办法。他们解决的问题涉及系统、流程，以及制造与人、植物、动物、微生物和生物材料进行互动的机器。他们开发一些办法，对农产品、副产品和废物以及包括土壤、水、空气和能源在内的自然资源进行创新利用。他们从事这些工作时，一直关注要提高对人类、动物和环境的保护。

农业和生物工程师可以：

- 发现农产品、副产品和废料的新用途；
- 开发置入微生物的工业用空气净化器，帮助减少空气污染；
- 确定改进控制土壤流失的办法；
- 研究动物习性，开发更宜人居住的住房环境；
- 从谷物油中开发出可再生能源。

如果你想致力于一项集体工作，帮助我们创造一个更加可持续的未来，关注“绿色”，喜欢与植物或动物工作，喜欢好的食品，你就会喜欢在农业和生物工程方面的职业。

目前，有40个得到认证的工程学院正在教授农业和生物工程专业。不过，单单是农业工程的专业已不再开设。这一领域发展得很宽泛，可以有更多的职业灵活性。如果这一职业符合你的胃口，一定要与几所开设这一专业的学校取得联系，更全面地了解各种可能性。

特写

机会的海洋

王兆凯在中国南京长大，他之前从未听说过农业工程师。但是“国立”台湾大学的一名教授改变了一切，他向王提出一个无法拒绝的提议。教授说：“如果你想拯救世界，你的起点就在这里。”这些话吸引王进入了大学的农业工程系，并取得了学士学位。然后，他搬至美国，继续在密歇根州立大学求学，获得了农业工程硕士和博士学位。他现在是夏威夷大学生物系统工程的教授。教了几年农业机器设计之后，王的兴趣从土地转向水。20世纪70年代末期，他的一名研究生开始研究对虾，一种类似于虾的可食用的甲壳类动物。王申请到资金在学校开始一项“水生”项目，并坚持下来。此后，他在大规模养殖虾和牡蛎方面取得重大突破，目前正忙于开发海藻的新用途。“我们是农业工程师，”王说，“我们最擅长的是种植和养殖。通过生物系统来生产。”到1989年，王开发出改进生产牡蛎和虾的一种方法。他设计出养殖虾和牡蛎的水生系统，但很快发现由于未食用的食品和虾的粪便沉积造成空气质量问题。他发现可以将海藻放进养虾的水中，海藻能够吸收这些废料。

当水干净之后，海藻被压进另外一个装牡蛎的水箱中。由于海藻浮在水面，王设计了一张液体床，将牡蛎浮在水上。这时牡蛎就可以吃到海藻。这个系统获得了专利，夏威夷的一家公司正在利用。目前，王正在申请从海藻中提取抗生素的专利。这个药品可以杀死能引起感染的细菌，如葡萄球菌，这一抗生素已经在动物身上进行了测试，有一天可能会用来对付那些对现有药品已经产生抵抗作用的细菌。王说海藻还有许多其他用途，包括为食品上色。“人们从来没有朝这方面想，”他说，“不过，现在还只是一种潜在的可能性。很有意思。”王预测今后10年，水产业的工作会大量出现，因为鱼作为一种食物来源其生产变得很重要。他相信，具有农业和生物工程背景的人在这一领域可以成为多面手。王兆凯已经65岁了，他说自己的职业生涯“从来没有乏味的时候，你一直把拼图一块接一块地放到一起”。

从生物体系进行生产，永远都有这样的需求。甚至拯救世界，“还有理想主义的念头，”他说，“要做有用的事，要做贡献，要回报社会。”

根据美国农业和生物工程师学会出版的资源杂志重印于此

一些农业和生物工程师致力于开发无毒杀虫剂；其他人可以致力于开发马力更大、更高效的农场设备，如拖拉机。还有其他一些人可以开发检测食品和水供给安全的仪器。高科技的农业工程师可以利用计算机系统让大型农场自动化。要了解更多信息，请访问美国农业和生物工程师学会网站 www. asabe. org。

建筑工程

起始工资中位数（土木工程）：55 300 美元

收入中位数（土木工程）：77 560 美元

美国建筑工程师协会将建筑工程定义为：“将工程原理运用于设计建筑物的技术体系。”

你是否有分析能力和创造能力？你能不能进行系统化、程序化的思考，显示自己的创造力和本能？如果是这样，建筑工程就适合你。建筑工程师应当结合美学和技术、创造力和理性。他们应该知道在纸上看起来很漂亮的东西是否在技术上可行。

建筑工程师有 4 个主要的专业领域或重点：

1. 结构工程——在建筑设计中他们考虑龙卷风、大雪或地震的作用力；
2. 机械工程——关注室内空气流动，决定墙体的厚度，选择施工用的材料，设计内部和外部的热源、水管、采暖和空调；

3. 电气和照明系统——负责整个大楼内电的传输；

4. 建筑管理——负责管理建筑项目，他们特别关注安全、费用和建筑方法。

目前，美国只有 17 个获得认证的开设建筑工程专业的院校。要了解工程中这个令人激动的分支，请访问美国土木工程学会建筑工程院网站 www. aeinstitute. org。

汽车工程

起始工资中位数（机械工程）：58 600 美元

收入中位数（机械工程）：78 160 美元

因为对环境的担忧，有关燃料效率的法规和空气质量的标准都提高了，现在是成为汽车工程师的好时机。事实上，如果机动车是你的兴趣所在，那么对你而言，没有比工程更好的职业追求了。这一行业的工程师比其他任何一个行业都要多。我们需要工程师设计、检测、评估每一类车辆中的所有系统的安全与性能。电动车、混合型车和替代燃料车都有工程师团队，他们围绕发动机、传动、制动、刹车、电气系统、空气动力和制造流程而工作。任何车的任何部件都经过汽车工程师的设计、检测、分析和评估。

汽车工程是机械工程的一个分支。美国劳工部指出，2018 年时，机械工程师岗位将增加 87 000 个，机械工程师也是对本科毕业生需求量最大的前 50 个工种之一。大多数机械工程专业的学生将重点放在汽车工程。由于机械工程学科非常宽泛，应该选择那些重点与你兴趣相一致的学校。比如，你对汽车工程感兴趣，想拓宽学校选择面，选择重点可以放在汽车工程的机械工程院校，如伊利诺伊大学、密歇根大学或田纳西大学。如果你的兴趣在于让汽车或车辆跑得更快，选择重点在燃烧、材料、流体力学或热力学的院校。如果你的兴趣在于电动汽车，选择专注于电池技术或开设这门课的学校。

大多数汽车工程师受雇于大型汽车公司，但也有在服务于交通业的公司的人，比如公共汽车生产企业、航空公司、非道路行驶车辆公司、摩托车公司等。

在美国，大约有 1 万家公司从事汽车部件的设计和生产，由于即将推出新型车辆，这一数据还会上升。从研究替代能源和空气动力以提高燃料使用率，到提高体育赛车或电动公共汽车的制动系统，这些工程师正在引导大家减少排放，改善环境。

汽车工程师参与车辆设计的每一个环节。由于汽车工业的竞争力，这些工程师可以预期未来在这个令人激动、富有挑战的领域会出现增长。汽车制造商在谋求工程师帮助他们遵守政府新的法规，开发出对那些很有环保意识的公众想要买的汽车。汽车工程师直接接触最前沿的技术，参与新车开发的诸多阶段，很可能购买自己设计的新车时有折扣，这些都是他们具有的优势。

本田和福特汽车公司都为对汽车工程感兴趣的学生提供实习和合作办学经验。福特在暑假提供全日制动手工作经验，本田提供长年不断的实习、非全日制工作（每周两天）和合作办学项目。

丰田在世界各地雇用了 317 000 名员工，寻找获得机械工程本科学位的毕业生，优先录用那些了解标准工程理论常识、解决问题技能突出、理解并愿意使用计算机辅助设计、有出色的沟通与人际交流技巧、能有效与供货商沟通、具有汽车领域实习或参加了合作办学项目（为任何交通公司工作都是优秀品质）的学生。

《纽约时报》指出，通用、福特和克莱斯勒要雇用成千上万的工程师来实现奥巴马政府提出的到 2026 年汽车油耗达到每加仑 54. 5 英里的要求。汽车制造商理解，绿色不仅对环境有利，而且对在世界上保持竞争优势也很关键。公众希望购买环保的汽车，汽车制造商能够生存下来的唯一途径就是提供这种汽车。汽车制造商目前正与大学院校合作，开发课程对工程师进行培训和再培训，他们被寄予厚望，能够开发出明天的电动、混合动力和替代能源汽车。卡尔·斯特拉克是通用汽车公司副总裁，负责全球车辆工程，他说当今的汽车工程师应该在几种不同类别的工程领域交叉培训。

要了解更多信息，访问汽车工程师学会网站 www. sae. org。

生物医学工程

起始工资中位数：41 800 美元

收入中位数：81 540 美元

生物医学工程从本质上讲是人类工程。生物医学工程的目的是通过运用工程原理解决复杂的医学问题从而提高医疗水平。从业于这个专业领域的人都希望服务于大众，与医疗专业人员一起工作，与生命体系进行互动。这个领域很宽，有许多分支专业。许多学生说他们选择生物医学是因为这是一个以人为本的专业。

试想一下设计出给人带来新生命的医疗器械。生物医学工程师发明了心脏起搏器，他们真地给了那些安装起搏器的患者运动的能力，比如爬楼梯、在大街上散步。

生物医学领域变化迅速。每天都出现设计和制造的新技术。生物医学工程师的职业令人满意，选择丰富，有增长潜力。这个领域包括许多分支：生物机械、生物电气、生物化学、康复、临床、基因工程。在生物医学工程内也还有许多分专业，比如外科激光、远程医疗、核医药、临床电脑系统。

生物医学工程内分专业举例：

- 人工器官，如助听器、肾脏、心脏、血液氧合器、人造血管、心脏起搏器和关节；
- 人体修复装置，如手臂、腿、手、脚、手指、脚趾和面部器官；
- 外科或重症监护病人自动监视仪。自动监视仪器还包括在非常规环境下对健康人员的监测，如太空中的宇航员或深海潜水员；
- 血液化学感应器，检测钾、钠、氧气、二氧化碳和酸碱平衡水平的高低；
- 高级治疗和外科设备，如用于眼睛手术、内窥镜手术、自动释放胰岛素方面的设备；
- 用于诊断疾病和医院管理的计算机系统；
- 临床实验室设计，如血样或尿样电脑分析仪、心脏导管实验室；
- 医疗成像，如超声波、电脑辅助体层照相、磁共振成像、正电子发射型计算机断层显像系统；

• 生理体系电脑制模，用于血压控制、肾脏功能、视听神经回路等；

• 生物材料设计，如植入性人造器官、四肢和材料的机械、运动、生物兼容等特性；

• 使用步态分析和生长因素应用的生物机械应用；

• 在康复、物理治疗以及外部支持设备的体育医药。

诺兰/里尔集团的艾伦·莫里塞和唐纳德·里尔说，生物机械一个令人称奇的应用是曲棍球运动员的头盔。尽管头盔看起来是用一块材料做成的，它们实际上是3个不同部件组合在一起，有很复杂的几何布局，经过了多年的调整，实现了对能量吸收的最大化。（为了测试头盔减缓冲力的能力，制造商将检测仪器装入头盔中，然后从几米高的空中扔下。在下落的最后，即“突然制动”，检测员检查头盔的保护水平，看看它是否能承受从275至300重力的冲击。）除了提供保护以外，头盔还要足够轻，使头部保持凉爽，因为曲棍球运动员一直在运动，头部释放出大量的热量。头盔质量轻也使运动员可以在很高速度时加速，而且，由于突然停止要克服惯性作用，质量轻也可以让运动员在停下时不失去平衡。

生物化学工程：生物化学工程师关注的是身体在微观层面的反应。这些工程师研究那些可能在人体内发生消极反应的人造材料之间的作用。他们运用解剖学、生物化学、细胞力学来理解疾病以及干预模式。他们开发出丙烯酸人造动脉来防止人造血管内血液产生凝块。他们还为患无法治愈肾病的患者设计和制造人工肾脏。

生物电气工程：生物电气工程侧重于电气方面，在学生中很受欢迎。生物电气的发明无处不在，从电子耳朵温度计到复杂的电磁共振成像机器。生物电气的另一个发明是起搏器，这种设备感应到心跳的不规律性或停止，然后通过向心肌发出电流刺激恢复心跳的节奏。生物电气工程师还开发了心电图机器，通过放在皮肤上的电极，记录心脏的跳动情况。生物电气工程师可以设计出软件或设备为医生和医院提供帮助，如电子生理心脏监视器或远程医疗设备。他们可以设计出仪器让病人自己观察自身的情况，也可以帮助一位下身麻痹患者不需要他人照顾，这是通过设计一个电子系统控制患者家中所有开关和电器设备来实现的。

生物机械工程：生物机械工程或生物力学是将人体视为一个机械结构的专业。这些专家研究人体的运动，研究骨骼和肌肉的压力以及人体材料的磨损，如骨骼和关节。他们可以为耐克这样的公司工作，研究跑步引起的冲力并设计出一种新的跑鞋。生物机械工程师还可以设计假肢、关节替代品，或者替换韧带、肌腱或骨骼的新材料。生物机械工程师早期的一项发明是铁肺，这是一个密封的呼吸器，由一个将除头部以外的人体全面罩住的金属箱组成。它通过压缩和扩张胸腔来提供人工呼吸。

临床工程：临床工程是生物医学工程的一个分支，它在医院和长期护理院这样的机构中将技术运用于医疗，另外也适用于医疗器械供货商。临床工程师必须理解器械与病人的诊断、护理和治疗之间的关系。高风险的评估、开发维护时间表和守则是他们要承担的另外一些责任。他们还为医生、护士和其他医疗职业人士提供有关正确使用医疗器材的培训，并可以对这些器材进行维护。临床工程师还可以在购买医疗器械前进行评估，测试器械的安全性，或调整医院现有的器械。此外，他们还可以参加事故调查。

基因、细胞和组织工程：基因、细胞和组织工程是生物医学工程的一个新分支，研究在微观层面解决生物医学问题的方式。研究人员操控 DNA，刺激或延缓细胞生长，研究细胞的结构和力学，以便更好地理解疾病，检测干预办法。基因和农业工程师还设计出一些产品，有效分化海面上的浮油。

康复工程：康复工程是生物医学工程另外一个很受欢迎的专业。康复工程师参与研究和技术开发，帮助残疾人员。生物医学工程学会指出：“康复工程师帮助有身体和大脑残疾的人提高他们的个人能力和生活质量。”

援助型技术包括以下设备：有动力的轮椅、能讲话的电脑、助听器、电子交谈设备，以及经过调整的设施，如浴室和厕所里的手扶杆。娱乐型援助技术也推向了市场，如特别改装的滑雪板和鱼竿。如果你对康复工程感兴趣，看看残奥会，了解一些现在已有的援助型技术设备。想象一下以下事件给你带来的力量和成就感：给一个残疾人的生命带来新色彩，为他提供成功面对每天生活挑战的方法，消除当今社会由于残疾带来的一些挑战。

康复工程师可以在现场与刚刚失去了活动能力、在轮椅上的人工作，也可以重新设计他的工作空间；调整包括按一下按钮就可以升降的桌子，加宽门距，在室内加上移动舷梯。康复工程师还可以重新设计电脑系统，帮助大脑或身体有残疾的人。一位康复工程师设计了布莱叶键盘，这样盲人也可以打字；另外一名工程师设计了可以让腰部以下瘫痪的人开的汽车。

你看，生物医学工程的诸多领域提供了切实深刻影响社会的途径。生物医学工程师供职于医院、政府立法部门、公司、医疗器械公司、研究实验室和大学。许多人去医学院，生物医学工程师比持其他学位的人在医学院的接受比例都要高。许多人上法学院，成为联邦药品管理局的法规律师。有些人去教学，许多人成为医疗公司的咨询人员或顾问人员。

生物医学工程学会有一个很了不起的网站 www. bmes. org，其列出了这一领域现有的许多专业，提供了其他信息来源的链接，如就业机会、各州的生物医学工程学会分会，以及医药行业的大公司。

生物医学工程技术

平均起始工资

生物医学工程技术本科：35 000 美元

生物医学工程技术专科：30 000 美元

想象一下在一家大医院当生物医学技术师或技术员的情况。医院全天都接待或诊断病人。诊断大部分时间都是花在使用电子设备上面。从简单的用电子温度计测病人体温到运用心脏监视仪检查病人是否心律不齐，生物医学工程技术师和技术员负责改进医疗的医学技术。生物医学技术师和技术员在医疗第一线，他们安装、设计和维护医疗设备，培训医院的职员和专业人士，对一些重要的医疗设备进行预防性维修。生物医学技术师和技术员的工作就是保证所有医疗专业人员都能提供病人需要的照顾与治疗。

生物医学工程技术师和技术员主要集中在为医院和医疗服务提供者供应医疗

设备业务。这些职位要求生物医学工程技术师和技术员与医生、护士、治疗师、医疗职工和其他技术专业人员密切合作，理解、评估并确保诊断、治疗和拯救生命的设备按具体规定进行操作。这一领域与临床工程类似，一些生物医学工程技术毕业生甚至被称为临床工程师。两者的区别在于临床工程师持有生物医学工程本科学位，更多从事设计、改装和购买前的评估，而生物医学工程技术师和技术员更倾向于运用，主要从事安装、改装、监查、测试、校准或修理设备。此外，生物医学工程技术师和技术员更有可能在医院或临床场所工作，而生物医学工程师通常更多地在公司工作。

生物医学工程技术师和技术员还必须反应快。如果在操作运行中任何设备出现故障，而病人的生命受到威胁，生物医学工程技术师和技术员会被立即叫过来排除故障。他们会迅速跑过医院的长廊，因为宝贵的时间并没有停歇下来。故障可以小到在手术室中出现电路断路，大到治疗过程中发生肾透析机器失灵。不管发生什么情况，这一职业都要求快速思考以及出色的解决问题能力。

当前，美国得到工程和技术认证委员会认证的生物医学工程技术专业只有少数几家。不过，许多学校开设的电子工程技术专业侧重于医疗器械、设备或环境等方面。

生物医学工程技术或生物工程有三项专业选择。下表列出了三者之间的基本不同点，但要全面了解这些领域及它们之间的差别，应通读生物医学工程和生物工程技术这两部分。

表 1　　生物医学工程和生物医学工程技术学位比较

专业	学位类别	主要任务	雇主类型
生物医学工程技术	专科（技术员）	维修维护病人护理方面的医疗设备、设施和技术。培训医护人员如何使用医疗设备	医院、医疗器械生产企业
生物医学工程技术	本科（工程技术师）	管理和支持病人护理方面的医疗设备、设施和技术的设计、制造和使用。培训医护人员如何使用医疗设备	医院，医疗器械生产企业，医疗设备、体育器械、纳米技术、制药和假肢等方面的前沿公司

续表

专业	学位类别	主要任务	雇主类型
生物医学工程	本科（工程师）	调查复杂的医学问题，并开发解决问题的工程办法	一半以上的毕业生继续上学（研究学院或者医学/牙医学校），医疗研究室的普通工程师，医疗设备、体育器械、纳米技术、制药和假肢等方面的前沿公司

生物医学工程和生物医学工程技术在体育方面应用的例子：

• 可以设计运动分析和受伤或压力类别生物机械分析体系，用于运动鞋的设计；

• 可以设计分析滑雪时人体情况的体系，以防止受伤；

• 可以研究许多体育项目的运动，确定产品设计和保障运动人员安全的要求；

• 可以设计新的服装，或者在计算机体系内模拟游泳运动员的动作来分析划水能力；

• 可以设计分析戴头盔时人体情况的体系，以防止伤害颈椎和脊椎；

• 可以研究许多体育运动的受力情况从而决定缓冲垫的要求。

陶瓷工程

起始工资中位数（材料工程）：62 000 美元

收入中位数（材料工程）：83 120 美元

计算机芯片、光纤、人造关节、CD、DVD、录像机、电子游戏、手表、滑雪板、电话线、太空船上的瓷片、安全玻璃挡风板、牙齿修复、骨骼填充物、医疗电子设备、气囊感应器、火花塞、活塞环、砖、水泥、导弹、电容器、电阻器、电子元件、电视元件、磁铁、激光通信、实验室设备、浴室水槽、厨房设备，所有这些以及其他很多物品都依赖陶瓷和陶瓷工程师所取得的进步。

陶瓷工程可称为工程世界的保驾护航者。你的生活中几乎无法回避陶瓷业的发展。我们很少听到陶瓷工程师的工作，很少想到我们日常家用物品和电器元件是因为高度复杂的陶瓷材料和工艺才变为现实。

我们在成长过程中，一般会在陶艺课堂上看到陶瓷，或者将陶瓷想象成水晶球或水晶盘。我们可能看到在开车通过的隧道内壁贴有瓷砖，反射光线，也使得隧道易于清理。我们还会将陶瓷片想象成在浴室或厨房的瓷砖。还有许多其他有关陶瓷的运用，陶瓷工程师也有其他许多机会。陶瓷是一种前沿、低成本的材料，特性独特，对于科学家和工程师实在是美梦成真的物品。

太空船是一个运用尖端的高温陶瓷的绝佳例子。整个太空船都有陶瓷层保护用铝制成的壳。

陶瓷层可以承受 1 400 摄氏度的高温，这是太空船离开或进入大气层时在船头的温度。如果没有陶瓷层，铝壳在 660 摄氏度就会融化。如果没有陶瓷材料，就不会有登月，不会有宇宙研究这些事情。

陶瓷工程师寻找陶瓷的不同用途，制造新的陶瓷产品，设计生产陶瓷的工艺流程。他们利用如黏土和沙土这样的原材料转化为可用、有用的产品。他们利用周期表将不同元素进行组合，制造出有特殊用途的材料，如增加或降低物质的电、磁或热性能。陶瓷工程融合了物理、化学和材料等学科。

位于罗拉的密苏里科技大学陶瓷工程系在解释说明中指出，陶瓷工程师可以：

• 开发更好的隔热层，保护太空船和未来的超音速宇宙飞船再次进入大气层时不受温度急剧升高的影响；

• 生产陶瓷牙、骨骼和关节来替换人体中的一些部件，或者改进高级医疗器械，以继续用于治疗疾病的研究；

• 帮助生产创新型、超快的计算机体系，运用陶瓷超导体、激光和玻璃光纤；

• 开发密封材料，为高温下运转的飞机发动机提供支持；

• 改进光缆，使医生能够看到人体内部，让人的声音能够在海底没有损耗地传送几千英里；

• 探索发现利用陶瓷建设高速公路和桥梁以及将水或废物送至处理厂的新

方法。

如果陶瓷工程听起来像是你所要从事的职业，访问所有开设陶瓷工程专业学校的网站，参观一下你们当地的材料工程系。美国陶瓷学会和国家陶瓷工程研究院网站做得很好，有许多有用的信息，如所有得到认证的陶瓷工程专业的链接、合作办学机会、实习机会、陶瓷新闻等。学生竞赛包括陶瓷击打棒竞赛，比赛中学生设计用陶瓷制成的球棒和高尔夫球；水杯比赛中，评委通过陶瓷杯的强度、绝热和艺术品相来判定胜负，还有演讲比赛。访问 www. acers. org 了解更多有关陶瓷工程职业中的机会与挑战的信息。

化学工程

起始工资中位数：63 000 美元

收入中位数：90 300 美元

化学工程师是创新性、创造性地解决问题的人，在这个充满智力挑战的领域，多样性让他们其乐融融。化学工程是所有工程学科中起始工资最高的。我们感观享受的一切事物都或多或少地包含化学内容。化学工程师参与培育不带刺的紫玫瑰，制造出焦糖苹果上的焦糖，甚至你的网球鞋。化学工程职业改进了水和废物处理体系，创造出新的药品和药品运送体系，并且提高了大多数交通工具每单位汽油的行驶里程。大多数化学工程师从业于制造、制药、保健、设计和建筑、纸浆和造纸、石油化工、体育用品设计、食品加工、特殊化学品、微电子、电子和高级材料、聚合体、企业服务、生物技术、环境卫生和安全产业。

化学工程师可以在这一学科内选择许多不同的专业。选择环境工程的化工学生可以对减少污染，或者生产更好的食品感兴趣。致力于生物医学工程的化学工程师常常被称为生化工程师；他们可以设计新的人造器官或对之加以改进，还可以从业于制药产业。体育化学工程师也许有兴趣为体育用品公司工作，为篮球鞋设计更好的橡胶底。如果你对宏观的工作更有兴趣，你可以担任工艺流程设计工程师，寻找办法来简化工艺流程，或者在某个特定领域改进安全状况。

从传统来看，化学、石油和制药公司雇用了化学工程职业人员的一大部分。

制药公司依旧雇用大量的化学工程师来研究、开发或设计他们的产品线。不过，现在许多化学工程师从业于生物技术、材料科学（如塑料、橡胶、陶瓷和金属工业）和电子业。食品工业、能源部和环境保护局也成了化学工程师的主要招聘部门。

许多化学工程师选择从事研究工作。上医学院的化学工程师可成为专门治疗罕见疾病的医生，或者成为医学研究员。上法学院的化学工程师可做专利律师，或者为发明新药或药物推广系统的公司做专业律师。

美国化学工程师协会有学生分会，帮助学生优雅地步入化学工程的大世界。在 150 多个校园里，全国成千上万的学生参加这一组织。该组织为学生提供支持，鼓励扩大会员，提供大量奖学金、比赛和奖励。访问他们的网站（www.aiche. org)，看看加入该组织的好处。这一网站信息量丰富，介绍了许多化学工程师的日常生活，提供真实的职业信息。

土木工程

起始工资中位数：55 300 美元

收入中位数：77 560 美元

土木工程正在改变世界！土木工程是最古老、最庞大和最奇异的工程类别之一。从传统来看，土木工程师规划和设计道路、桥梁、高层建筑、大坝和机场这些建筑。不过，随着时间的变化，土木工程包含的面更广了。如果你想解决能源危机、清理环境，或者参与帮助人们获得健康的食品、清洁的水和稳定的基础设施，你就应该严肃考虑选择土木工程。土木工程与环境联系紧密，自然环境和人文环境都是如此。由于我们当前有了更多对技术的理解，对土木工程师不同才能的需求量也会上升。

土木工程师目前参与到大量“绿色”项目，如：

• 设计绿色大楼，这些大楼可以利用不同的绿色能源为自己提供能量；

• 建造安装各类替代能源所需要的物件——太阳能电池板、风轮机、地热管、水力发电设备等；

• 设计海上风轮机结构并将其安装在海底，这些结构可以承受冰的重量和海浪、飓风的冲击。他们还负责锚固定系统和操控海底电缆；

• 保证我们一直有干净的饮用水；

• 研究空气污染并找出改善的办法；

• 设计和指挥大坝的建设，预防水灾，改进灌溉，保证水供应，进行水力发电；

• 建造更节能的船舶，保证船舶能够承受载货的重量和海浪的冲击。战舰还应该能够承受武器造成的损害，如导弹、鱼雷和水下地雷。

土木工程师可以从他们的学科中选择多项专业，如环境、运输、结构、地学技术，还有水和废水管理。

• 作为环境工程师，他们可以监测空气污染，发现新的方式获得干净的饮用水。美国土木工程师协会指出："环境工程师的技能日益重要，因为我们要保护地球脆弱的资源。环境工程师将物理、化学和生物过程转化为一些系统，消灭有害物质，除去水中的污染物，降低无害固体废物的体积，消除空气中的传染体，开发地下水供应"。

• 作为地学技术工程师，他们可以帮助维护胡佛大坝，或者建造堤防、海防和堤岸系统。地学技术工程师也可以参与在大西洋海底的管道运营，建造隧道，以及其他所有地上、地下或涉及泥土的基础设施建设。

• 作为结构工程师，他们的工作可以让大楼或道路在发生地震、飓风、海啸或水灾时仍然安全。结构工程师还会设计海上油井、过山车、桥梁，甚至可以举办体育赛事和音乐会的大型体育馆。结构工程师还应该十分了解材料的特性，知道用塑料、用钢铁、用木料建造的物体可能会出现什么后果。

• 作为运输工程师，他们会设计未来的运输系统。这些工程师也被称为运送人和货物的使者。他们的工作包括与空中交通工具打交道，如直升机或飞机，或者与水上交通工具打交道，如可以将货物更迅捷或更高效地运送至海洋对岸的新型船舶。此外，运输工程师还会从事陆地上交通工具方面的工作，如汽车或高速火车，它们要么将货物运往全国各地，要么改进了大众的交通。

• 作为建筑工程师，他们可以建造任何新的大楼或建筑工程。建筑工程师一般管理建筑项目，参与预算、材料、计划和设备等方面的工作。

土木工程职业有无限的多样性和机会。位于波士顿的 AECOM 公司的土木工程师里德 · 布罗克曼说：“我对桥梁检查和维修特别感兴趣。我看每座桥就像是看一个病人——一个很大的病人。有些病人在你第一次探视的时候看起来很健康，但其实是存在一些毛病的，而其他一些人看起来经历了岁月的拷打，但总体来说却完好无恙。不管怎样，我感到骄傲的是我知道要怎样发现病症，应该采取什么样的措施让大桥恢复如初。实际上，我还喜欢自己的工作的其他许多方面：外出，攀登，一直运用我的沟通技巧，解决进入一些复杂结构的难题（租用吊车、驳船、侦察卡车等）。我同样也喜欢设计桥梁和隧道，尤其是在一项设计中协调各个方面：周边环境的需要，保持顶部的通行间隙，防止路面积水，布局所有管道和电缆线，当然，要让大桥坚固，容易维护，而且美观。”

一些土木工程师选择研究职业，他们在工作中力图寻找耐力更强、弹性更大的材料。上过法学院的土木工程师可以成为地震或飓风保险律师，或者做一个大型建筑公司的专业律师。获得工商管理硕士的土木工程师可以开设自己的咨询公司，他们也可以参与大桥、大楼、大型商场或游乐园项目的谈判投标过程。

美国土木工程师协会为学生提供支持，向学生成员提供许多奖学金、比赛机会和奖励。美国土木工程师协会也赞助一些比赛，如水泥独木舟比赛，协会的学生会员也可以参与到人类住所这样的项目。协会的网站（www. asce. org）列出了现有的实习机会，开设土木工程和土木工程技术专业的学院和大学，给出了土木工程师的介绍和其他职业信息。其他有用的信息还包括就业空岗数据库、学生分会的链接、事件日期安排、成员之间的竞赛事项、入会表格、土木工程学生有关的话题讨论论坛，以及其他许多信息。

要了解更多有关土木工程的信息，为成为土木工程师做准备，从 engineeringedu. com 网站找一本名叫《从圣代冰淇淋到太空站：土木工程职业》的书来读读。

土木或建筑工程技术

毕业生平均起始工资：

土木工程技术本科：35 550 美元

土木工程技术专科：28 000 美元

土木或建筑工程技术师和技术员为建造大楼、公园、结构、大桥、道路、供水系统、隧道、海防和堤防等工程绘制图纸、列出具体要求。技术师可以进行结构设计，也可以落实工程师的设计。技术师可以独立工作，但技术员常常在工程师或技术师直接指导下工作。所有人都参与设计、文件整理和建筑的各个环节。他们的工作单位有咨询公司，废水处理厂，联邦、州或地方政府机关（如交通运输部），材料测试实验室，建筑承包公司，建筑公司，公用事业公司，制造公司以及类似的公司。技术员为同样类别的公司工作，可以从事支持性的制图和（或）勘察，或者参与安装和修护相应的结构、机器和水系统。这是一个令人激动的领域，机会很多，不仅在地方和本国内如此，在全球各地也是这样。

技术师和技术员会参与各个阶段的规划、设计、制图、勘察和分析，分析内容包括雨水流向何处（下水）、水流、管道、河道、道路、桥梁、大坝、水处理设施，以及其他基础设施。这就意味着许多工作是在室外很多不同的环境中进行的。他们还检查大楼和结构，安装或操作水泵，在实验室测试土壤和河水，撰写报告，与团队的其他成员进行沟通，并且展示介绍他们的发现。作为建筑监理的技术师要保证承包商遵守特定的要求、建议和国家规则。为交通运输部工作的技术师可以对大桥、涵洞桥和道路项目的规划、规格和预期进行调整。在土木工程公司工作的技术员可以与团队一起监督养护道路，安装新的排水系统、边道、人行道、照明系统和处理其他许多工作。许多州要求只有注册的职业工程师才能从事上述活动的许多任务，如规划、设计、勘察、计划调整等。土木工程技术师有绝好的机会申请成为注册勘察员，考试与职业工程师类似。

土木工程技术和土木工程有三项专业选择。下表列出了它们之间的基本不同点，但要全面了解这些领域及它们之间的差别，应通读土木工程和土木工程技术这两部分。

表 2　　土木工程和土木或建筑工程技术学位比较

专业	学位类别	主要任务	雇主类型
土木工程技术	专科（技术员）	绘图、勘察、监理、操作和安装设备。团队工作时受技术师或工程师指导。不能获得职业工程师证书	咨询公司，废水处理厂，联邦、州或地方政府机关，材料检测实验室，建筑承包公司，建筑设计公司，公用事业公司，制造公司，以及类似的公司
土木工程技术	本科（工程技术师）	建筑监理，土壤检测，进行设计规划，准备文件，分析和检测	
土木工程	本科（工程师）	调查复杂的环境、地理、结构和交通问题，并开发解决问题的工程办法	

计算机工程

起始工资中位数：67 800 美元

收入中位数：98 810 美元

计算机工程是成长最为迅速、也是最有意思的学科之一。它与电气工程很像，只是计算机工程师仅仅与计算机和计算机系统或设备打交道。计算机革命在技术的每一个领域都创造出了无数就业岗位。现在市场对计算机工程师、计算机工程技术师、计算机科学家和信息技术师的需求量都很大。

计算机工程师可以做硬件或软件，但在本指南中，计算机工程师指那些做硬件的人，这些人开发硬件技术，如计算机建造，还有那些将计算机联结在一起的人，比如通过网络和系统。软件工程师做软件。他们与应用程序打交道，如人工智能，以及运行计算机和相关系统的操作系统。

计算机工程处理计算机系统的方方面面，充满令人激动的各种机会。信息技术为有天赋、高技能的计算机工程师创造了大量的就业机会。这些工程师可以研究、设计、开发、测试制成品，或安装计算机系统、网络、电路板、集成电路(计算机芯片)、操作系统、软件或附属设备，比如键盘、鼠标、打印机、扬声器或麦克风。他们还可以设计计算机的构造，或研究未来计算机应用程序或环境。比如，汽车、微波炉、平板电脑、手表、手机、移动设备、视频游戏等各种设备中的计算机。一些计算机工程师现在正在尝试找到一种办法，将计算机放进鞋子内，如果你快走或快跑的话会弹得更高，矫治双焦或三焦眼镜通过可以测定眼压，或者为烤箱加上冰箱功能，设定程序启动、解冻，然后烤制食品。

许多计算机工程师就职于大企业，帮助职员解决硬件或软件问题。他们可在公司内创建、维护或安装局域网络（LANs）、平行的建筑结构、多处理器建筑结构、实时系统或多媒体。

电气和电子工程师协会计算机学会指出："从事计算职业的人员可就职于学术界、研究领域、实业、政府、私营和企业组织许多不同单位，分析问题并寻找解决办法，进行设计和测试，运用先进或多媒体设备，或参加研发团队。以下是涉及计算的一些研究和职业领域：

- 人工智能：开发能够模拟人类学习和思考能力的计算机；
- 计算机设计和工程：开发新的计算机电路、微型芯片和其他电子元器件；
- 计算机结构：设计新的计算机指令系统，将电子和光子元器件组合在一起，提供更强大、更省经费的计算；
- 信息技术：开发和管理支持企业或组织的信息体系；
- 软件工程：开发及时、不超预算并且无缺陷或缺陷极少的软件制作方法；
- 计算机理论：考察计算机如何解决问题的基本原理，并将结果运用于其他计算机科学领域；
- 操作系统和网络：开发基本软件计算机应用，对自身进行监督或与其他计算机进行交流；
- 软件应用：运用计算和技术解决计算机世界以外的问题，比如在教育和医学方面。"

计算机工程师通常以团队形式工作，设计新的硬件、软件和系统。可能成立由工程、营销、生产和设计人员组成的核心团队，大家一起工作，直到产品发布。计算机工程师也可以从事研究和开发工作。为了向市场推出大家购买得起的会讲话的计算机、能用声音激活的汽车或电器设备，以及其他一些发明，就必须有人对它们进行研究开发。想要了解更多信息，请访问电气和电子工程师协会计算机学会网站 www. computer. org。

计算机工程技术

毕业生平均起始工资：

计算机工程技术本科学位：35 000 美元至 45 000 美元

计算机工程技术专科学位：25 000 美元至 35 000 美元

计算机工程技术师和技术员通常被认为是现代社会的英雄。他们专注于硬件或软件。当计算机用户不会安装或维护自己的计算机或系统的时候，他们会打电话给技术员来解围。公司需要设计客户应用程序和网络系统时，他们打电话给计算机工程技术师。在当今大量使用计算机的年代，公司运用计算机执行很多不同的功能，计算机工程技术师和技术员在保持设备正常运作、更新软件、维持网络联结和与用户沟通交流方面起着不可估量的作用。

这些默默无闻的英雄一般就职于大公司，从事安装、调试、运营和维护内部系统的工作。他们也会就职于推销计算机的公司，比如弗莱斯、百思买、欧迪办公等，计算机维修店，或者在独立的紧急维修车间上班。其他常见的工作场所包括计算机和外设制造工厂、计算机销售企业、计算机研究企业和教育机构。

该领域的技术员可能要拜访用户家庭，帮助恢复被病毒感染的计算机，解决打印问题，或者提供软件应用帮助。如果技术员为销售公司工作，他们会通过电话提供技术支持，并且在实验室建立客户系统。这一领域的职业路径是多样的、灵活的，丰富的。

技术师和技术员的具体工作和职责有赖于所受的教育、经历和雇主。一般来说，拥有本科学位的技术师责任更大一些，可能负责将一个概念转化为产品模型。他们可能要看设计的具体要求，了解有什么样的材料可以将概念转化为现实。拥有专科学位的技术员可能从技术师手中拿到模型或产品，进行测试，确认符合设计具体要求，保证设计按预定计划进行。不过，在这一领域，工作经历相比书本教育，在确定个人工作内容和职责方面发挥的作用要大得多。

计算机工程技术或计算机工程有三项专业选择。下表列出了三者之间的基本不同点，但要全面了解这些领域及它们之间的差别，应通读计算机工程和计算机工程技术这两部分。

表 3　　计算机工程和计算机工程技术学位比较

专业	学位类别	主要任务	雇主类型
计算机工程技术	专科（技术员）	帮助开发产品模型，建造、安装、修理和维护计算机软件、硬件和外部设备	零售店、计算机修理店和独立的紧急修理厂
计算机工程技术	本科（工程技术师）	管理和支持计算机设备、设施、外设和相关技术的设计、制造和使用	计算机和外设制造企业，计算机销售企业，计算机研究部门和教育机构
计算机工程	本科（工程师）	调查复杂的计算机和网络问题，并开发解决问题的工程办法	计算机软件和硬件开发公司，计算机和外设制造企业，计算机销售企业，计算机研究部门和教育机构

电气工程

起始工资中位数：57 300 美元

收入中位数：84 540 美元

多元、进步的电气和电子工程领域迅速发展，现已成为工程行业中最大的一个分支。电气工程师是想象力丰富的、解决问题的人。他们很享受挑战。

根据电气电子工程学会提供的信息，“电气工程存在大约 100 年了，电子工程作为一门科学大约有 75 年历史。以电力为专业的电气工程师与电机、发电机打交道，设计转输线和发电厂。以电子为专业的电气工程师与通信打交道，如收音机、电视、手机，也运用数字和模拟电路技术。所有工程师都始于数学和科学基础。他们设计、操作电气、电子、光电、电机设备、电路和系统。他们与其他专业人员合作，开发出复杂的软件工具来为设计、认证和检测提供支持。电气工程是融合许多学科的一门学科，比如物理、化学、数学、计算机软件和硬件、固体电子学、通信、电磁学和光学、信号和信号处理、系统科学、可靠性研究、工程经济学和制造学”。

电气和电子工程师开发的物品随处可见。今天在我们的生活中，电气工程师曾经涉足的电气设备和系统就有几千个。不管你将什么设备的电源插到墙体里——立体声音响、电脑、微波炉、电视、电动工具、空调以及其他大型电器，这些都曾被电气工程师触碰过。即使是那些你不能将电源插到墙体里的物件——卫星、手机、寻呼机，也都是由电气工程师设计、制造或修改过的。

电气工程的主要专业领域包括发电厂和能源、通信、光学工程以及计算机工程。以电力应用为专业的电气工程师可能会去公用事业公司工作，设计电力传输系统，他们也可能专注于利用替代能源发电。

这一领域的工程师也可以加入“绿色经济”大军，找一份可再生能源方面的工作。这样的话，他们可以开发技术来收集、储存或传输从太阳能电池板上聚合的可再生能源。他们可以连接电网、设计传输线，负责在全国运输能源。另外，他们也可以设计电力、计算机和自动化系统、警报系统，以及通信系统。

美国电气和电子工程师协会（IEEE）称，“就业的关键是获得雇主需要的知识和技能。那些没有获得或已经忘记那些知识和技能工具的人，比如计算机辅助设计和其他与他们工作相关的软件，这些人将处于劣势。如果缺乏交流和与人交往的技巧，在需要有效与团队合作的工作中，他们也可能遇到障碍”。

美国电气和电子工程师协会有一个很棒的网站 www. ieee. org，其中有大量有关电气工程的各方面的信息。去看看这个世界上最大的技术职业协会的众多分支。网站还有关于实习和奖学金的网页。网站上列出了求职信息，有一个就业机会的数据库。每年世界上 25%的论文是通过美国电气和电子工程师协会发表的。这一机构在许多大学有学生分会，为学生提供很多优惠，比如团体保险、信用卡、汽车和教育货款、复印打折优惠，以及租车打折。学生可收到协会的杂志，会员费打折。这一网站值得你花时间去浏览。

特写

一名电气工程师的足迹：伊瓦尔—桑德斯——电子产品开发人、诺基亚无线路由器发明者

你们大概会想，在设计出无线路由器这种让许多家庭都能用微波电波高速上网的新产品后，我会对新技术已经不再有新奇感。情况并非如此，我热爱技术，空闲时至少会花些时间改进家里的网络或者家庭多媒体的分配情况，或者捣鼓一项新技术看看它的工程原理。一些人将工程师视为使用左脑的人，我则不同，将自己视为倾向于实际的艺术家，利用一套特殊的工具创造出对人有用的设备，或者仅仅是好玩的物器。

我从来没有想过，在上六年级时，对我好朋友父亲使用的一台业余收音机的迷恋会最终带我走进这个富有创造性的职业，不过，回过头来看，这种迷恋肯定产生了火花。我必须知道怎样设计出一些设备，使人们能够在相距遥远的两地，并且在中间不附带任何设备的情况下进行通话。这怎么可能？最开始时，这看起来有点让人生畏，而我还没有学过怎样使用这一特殊行当的工具，甚至还不知道这些工具都是什么。不过，好奇的火花已经点燃，与大多最初看起来很难的事情一样，一旦学会迈出第一步，最终都会顺理成章。

在这以后我拥有了运用知识的机会。从航天工业开始，我有机会看到自己的工作成果以有意义的方式得到应用，包括航天器导航展示、国家天气服务自动化。不过，我个人最大的快乐在于创造出让普通老百姓改善自己生活的产品。

看到自己设计的产品在一家消费者杂志上获得好评会极大地激发我的信心，但最高兴的莫过于看到一个陌生人从货架上拿下我设计的产品，买走，然后拿回家享用。我还记得几年前在一家电器零售商店，我注意到两个人，很显然他们彼此并不认识，他们在讨论买架子上几个类似产品中的哪一个。他们告诉对方自己要求产品的特殊用途，然后比较那些产品的特性。让我高兴的是，他们最后买了我的产品！感觉真是太棒了！我真想走上去，说谢谢，告诉他们那是我设计的产品，但是还是决定保持沉默，这样最好，自己一个人有些地骄傲地享受这种快

乐。你知道，和可以在自己作品上签名的画家和雕塑家不同，工程师常常得不到公众的认可（当然，当公众更多地了解了工程师的工作以及他们在产品创造过程中的位置时，这种情况可能会发生变化）。不过，尽管我自己纯粹是喜欢技术，这件事情当然给我一些快乐，抹去了在学习要成为工程师或在设计产品过程中产生的任何烦恼！

现在，那台业余无线电第一次让一个年轻人认识到大千世界无限可能的事情已经过去40多年了，在接受了工程专业的正规培训后，在从事结合知识与对技术的迷恋创造出普通大众生活中有用的产品这一工作多年后，我想不出有让我更加满意的职业了。

电子电气工程技术

毕业生起始工资平均数：

电子工程技术本科毕业生：35 000 美元至 45 000 美元

电子工程技术专科毕业生：25 000 美元至 35 000 美元

电子工程技术师设计、开发并制造人们将插头插进墙体里的所有东西——电视、电脑、冰箱、微波炉、立体声音响等。他们设计、开发、创新各种用电的设备里的电子元器件。他们还对电子设备很有兴趣，比如通信设备、雷达、工业、无线和医用监测或控制设备、导航设备和电脑。他们还可以管理和支持当今使用许多电子元器件的汽车：全球定位系统、电话、英特网、汽车自动停车设备，还有你可以用语音告诉汽车到一个特定的地方、汽车自动驾驶的导航体系。

电气工程技术师把他们的技术运用到发电和电传输方面。许多电气工程技术师在绿色能源领域工作，在太阳能电池板、风轮、海浪能源和地热设计等公司工作。

电子工程技术员对企业和个人使用的电子设备进行维修和维护。他们还从事产品评价和检测，运用示波器、电脑软件和万用表等检测和诊断设备来调整、检测和修理各种设备。

电子学给世界带来了革命性的变化。从平板电脑到手机，再到全球定位系统，这些都包含电子成分。所有单位，从小店铺到公用事业公司、联邦政府机构，都需要技术师和技术员。这种机会到处都有，的确很多。工程技术师和技术员常常能够通过帮助一些公司更顺利、更有效地管理公司，转危为安。

• 小店铺和大公司可能没有专职的技术员，但是，当机器发生故障的时候，他们会叫一名在片区的技术员来解决问题。片区技术员可能还负责一个地区内几家公司的机器安装和正常维护。设备出现故障时，技术员首先检查是否是常见问题，如连接不良，或明显是某些元器件坏了。如果常规检查没发现问题，技术员可以参考有关图表或修理手册，这些资料显示各元器件的连接情况，说明如何确定问题所在。许多技术员在诊断过程中还会用电脑程序、万用表、示波器、频谱分析仪和信号发生器。如果机器在现场无法修好，基层技术员会安排将机器送到修理厂去，在那里一名维修技术员会进行修理。一些设备在报废前会出现一些迹象，另外一些设备则是说坏就坏。技术员负责的那些设备可能还是各个不同技术年代生产的产品。

• 替代能源公司可能招聘技术师来设计、开发或者制造用于风轮机和风能场、太阳电池板和汽车充电站的设备，或者用于将电从大坝或其他来源地进行捕获和传送的设备。

• 公用事业公司会聘用工程技术师作为工厂或电气系统操作员。他们最常聘用的技术员是从事分电站的安装、操作、维护和控制工作，对输送电到家庭和企业的设备和输电装置进行监控。

• 联邦政府机构聘用技术师和技术员保护国家安全设备、航空管制系统、美国邮政设施、海关设备、美国制币厂、联邦储备系统、白宫和美国国家航空和航天管理局航天中心。

电子电气工程技术或电气工程有三项专业选择。下表列出了三者之间的基本不同点，但要全面了解这些领域及它们之间的差别，应通读电气工程和电子电气工程技术这两部分。

表 4 电气工程和电子电气工程技术学位比较

专业	学位类别	主要任务	雇主类型
电气电子工程技术	专科（技术员）	安装、建造、维修和维护电子设备、器械和技术。培训客户如何使用电气设备。不能注册为职业工程师	许多产品都雇用这些技术员。大型和小型公司、制造业、销售、政府部门、教育界等都有就业岗位
电子电气工程技术	本科（工程技术师）	管理、支持或修改电气和电子设备、器械和技术的设计，生产和使用。提出改进措施建议，指导工程技术员的工作	公用事业公司，政府机构，替代能源公司，研究实验室，设计医疗设备、体育设备和纳米技术的公司。他们也可以从业于技术销售和技术写作，制作用户手册、维修指南，并且对设备进行测试
电气工程	本科（工程师）	调查复杂的电气问题，并开发解决问题的工程办法	公用事业公司，政府机构，替代能源公司，研究实验室，生产车间，设计医疗设备、体育设备和纳米技术的公司

环境工程

起始工资中位数（土木工程）：55 300 美元

收入中位数：78 740 美元

呼吸清新的空气、喝干净的水、吃健康的食物，要做到这些通常需要多种工程师共同努力——主要是环境、土木、化学、制造和农业与生物工程师。如果你从来不缺空气、水和食物或者从来没有接触缺少这些东西的人和地方，你会很容易想当然。不过，拥有清新的空气、水和健康的食物是在这个星球上延续生命的关键。

环境工程在 1970 年以前通常被称为“卫生工程”，主要集中在开发可持续的未来，防止污染，评估各种事物的环境影响，维护供水系统，找出回收办法，进行污水处理和杀虫等事务。这个迅速增长的领域给大家的机会既有挑战性，同时也令人心怡，可以来保护人们的健康和安全，保护我们的环境。这些地球环境友好专业人士致力于防止和修复工业化带来的问题。他们专注于通过知识、研究、关爱的态度和常识为大众提供更好的环境条件。做这类工程师一个最大的回报是因为每个层面对可持续性都有大量需求，你可以马上做出成绩——从你上班的第一天到你职业生涯的整个过程。

空气污染是一个世界性问题。根据世界卫生组织提供的数据，美国每年有 7 万人死于空气污染。这是死于交通事故人数的两倍。

空气质量对于植物、动物和人类的影响不同。对人来说，空气质量差可以导致癌症、哮喘和生育缺陷。根据《空气清洁法》，环境保护局确立一级空气质量标准来保护大众健康，包括“敏感”人群的健康，如哮喘病人、孩子和老年人。环保局还确立二级标准来保护公共福利，包括保护生态系统，保护动植物免受危害，防止能见度下降，保护粮食、蔬菜和建筑物免受破坏。

净化空气和水常常是环境工程师要做的事。环境工程师应用生物学和化学的原理来开发解决环境问题的办法。他们参与控制水和空气污染、回收、废物处理和公共卫生问题。环境工程师从事有害废物管理研究，他们评估危害的影响，提出处理和控制意见，制定法规防止发生事故。他们设计市政供水和工业废水处理系统，研究拟建项目的环境影响，分析科学数据，从事质量控制检测。环境工程师关注当地和全球的环境问题。一些人会研究并争取将酸雨、全球变暖、汽车排放和臭氧层消失的影响降至最小。他们还会参与保护野生动物的工作。许多环境工程师充当顾问，帮助他们的客户遵守法规，防止环境破坏，清理有害场地。

这些工程师应该是出色的沟通人员和团队成员。他们应该与他人进行很好的合作，因为他们的工作通常包括与环境科学家、城市规划师、有害废物处理技术员、政治家、律师和其他专业人士共事。他们准备、审议并更新环境调查，提出清理建议，监测项目，准备预测方案与预算，进行现场检查，查看执行的有效性，保证遵守有关污染的规定。

环境工程教育是一个多学科领域。这一领域的学生要学习数学、物理、生物、生态、公共卫生、地理、经济学、政治、化学和工程设计。环境工程课程非常宽泛，要求学生理解如何运用工程和科学原理来改进社会。

特写

一名环境工程师的足迹——查尔斯莱特：布朗考德威尔公司的环境工程师

查尔斯·莱特高中毕业后，他去怀俄明大学学习土木工程。他父亲就拿了工程学位，由于他数学和科学都很好，所以这看起来是一个很合乎逻辑的选择。他说："我知道我喜欢与水打交道。"

查尔斯完成本科学位后，他参加了和平护卫队，被派往东非。"我一直都对和平护卫队很有兴趣，它使我有机会去旅行，利用我的教育做一些有用的事情。"第一年，他做了一个小型水管项目，向自己的驻地所在地区供水。第二年，查尔斯与一小群妇女一起共事，教她们如何建造水泥蓄水箱，储存雨水。

查尔斯在非洲和平护卫队中花费的年月让他增加了对水和工程的兴趣。他决定回到学校，到克莱蒙森大学攻读环境工程硕士学位。

今天，查尔斯从业于一个环境工程咨询公司。他主要处理与扩展市政污水处理企业和设置相关的项目。处理厂要扩大以保证有足够的能力满足未来社区的增长，保证达到州和国家各机构确立的水质量标准。一些有代表性的项目资金达几百万美元，需要两年或更多时间去完成。

许多大型公司雇用环境工程师来决定如何处理有毒材料或控制有毒物质的排放。一些环境工程师为政府监察污染控制系统，一些工程师设计或监察水处理系统。其他一些人开发、管理旨在保护健康、安全和环境的法规。

美国环境工程师学会指出："由于环境工程与人类联系如此紧密，你必须理解人和社会的作用方式。通过正规培训和大学里的活动，你应该刻苦开发你的写作和演说技巧。如果环境工程师要成功地解决问题，他们必须会与各类人进行有效的沟通。这些技巧只能通过实践学得，你越是实践，你会变得越好。"

美国环境工程师学会的网站 www. aaee. net 有更多信息。要了解更多有关环境工程的信息，准备做一名土木或环境工程师，那就从 engineeringedu. com 找一本叫作《从圣代冰淇淋到太空站：土木工程职业》的书来读读。

食品工程

起始工资（化学工程）中位数：63 000 美元

收入中位数：90 300 美元

在附近杂货店里的各个通道上走一走，大多数人没有意识到的是，架子上每件产品背后都有工程师在潜心使这些食品有好味道、保持人们身体健康。食品生产、加工、销售和流通的每个环节都得益于工程工作。

食品工程师参与食品准备和加工的所有方面。他们影响食品的包装、储存和流通体系，这种影响多种多样，从糖果条到冷冻晚餐。由于需要开发出新的产品和环境友好型食品加工设备，食品工业需要工程师。

食品工程涉及食品的特性，影响到食品加工。食品工程需要理解食品的化学和生化反应以及微生物和物理特性。只要社会需要工程师开发出低脂肪、低盐、低胆固醇或者是营养丰富的食品，食品工程师就存在短缺。

特写

发人深省——来赴晚宴的工程师

还记得冷冻“电视晚餐”是仅有的方便食品的那些日子吗？如果你记得的话，那么它对你年龄的标识远不如表示食品技术的迅速变化来得重要。食品无论是更方便、更有味道、更新鲜、更有营养，还是仅仅更好玩，今天的许多食品都是工程方面的成就。

工程师与食品有什么关系？可能真正的问题应该是，他们与什么没有关系？根据多数报告，农业和食品加工占一个国家生产总值的 20%。美国 180 万工程师中有许多人每天的工作就是将食品送到你的餐桌和其他一些特别事项上，如情人节的巧克力和太空船上宇航员的食品。

当然，食品工程师最重要的工作是保证食品的安全、供给、营养和稳定。不过，除了这些基本事项，工程师还努力让食品更有味道、更加方便，更吸引人。

“电视晚餐”现在已经有 42 个年头了，它们不再像以前那样让人兴奋，最近的一些新创意也被人看作理所当然，其中一个例子就是利乐包果汁盒，集中了更加方便，产品质量和稳定性提高等优点。

最近，由于人们担心垃圾填埋能力，工程师已经在仔细考察如何让食品包装对环境更为友好。

每个人都熟悉脱去咖啡因的咖啡。但是，有多少人知道工程师开发出二氧化碳脱去咖啡中的咖啡因这个超级关键的过程，而不再使用传统的碳氯化合剂？现在，我们所有人都可以睡得更安稳了。

还有无所不在的微波炉和微波食品。还有不用干冻和去水的食品，可以在包装袋里煮，另外还有各种各样的食品包装。所有这些都是工程师研发出来的。

要吞下所有这些食物，你可能要喝下刚刚从杂货店架子上买来的牛奶，不用再放到冰箱冷冻。运用超高温加工，工程师已经开发出一种让牛奶即便是在常温下也有更长保鲜期的方法。当然，这仅仅是牛奶一系列工程突破中最新的进展，这些突破包括加强维生素，脱去乳糖和制造多种低脂产品。

还有一些工程加工冰淇淋。冰冻甜点，比如冰淇淋，给工程师提出了独特的挑战。冰淇淋是一个经历三个阶段的乳胶体系（油、水和空气），应该很小心保持平衡，最后做出理想的特色产品。

加工条件，如结冰率，会影响冰结晶形成的比例，对最后产品的质感和口感会产生影响。各成分组成也会起作用，在加入不同的味道、水果和颜色的时候，系统的平衡也会改变。

食品给工程师提出了特殊的挑战，因为它不像其他系统那样简单，那些系统的物理和化学特性是确定的，元素组成是已知的。大多数食品是由几千种元素组成的复杂的混合体。尽管食品的元素可以从广义上分类为蛋白质、碳水化合物、脂肪、维生素、矿物质、口味和酶。这种简单化的分类并不能真实地反应每一类别中元素的多样性。

更为复杂的是各种元素的相互作用。而且，在工厂加工食品或在家里烹饪食品会改变食品的味道、颜色和营养特性。

食品工程师也参与顶尖的技术，比如基因工程，来生产抵抗害虫能力更强或者承受加工能力更强的粮食。在加工过程中，新的技术，如冰冻干化或者超临界提取物质就会用于保持那些重要的对热敏感的元素（如味道）。

一种典型的新食品是如何经过“工程加工”得成的？在实验室中开发出一种食品概念后，就开始在实验室进行加工，对食品的组成和加工过程控制很严格。工程师的一项责任就是从实验室加工转向大规模生产。产品包装形式还应保证运输和制作准备都很方便。而且，在整个过程中，也就是在产品离开工厂到食品上桌，都应该保证其不变质。

已经成型的产品也必须不断地进行“工程加工”，使这些产品有更多的竞争优势。这包括更好的味道（或者更多样的选择），包装回收更容易，降低生产费用，提高营养，或者更加方便的创新。

美国化学工程师协会友情同意在此复制

制热、通风、制冷和空调工程

起始工资中位数（机械工程）：58 600 美元

收入中位数（机械工程）：78 160 美元

制热、通风、制冷和空调工程师极大地改善了我们的生活。这些工程师开发出能创造和维持安全、舒适环境的系统。飞机、火车、学校、汽车和计算机房仅仅是需要依赖这些工程师的几个例子。

这类工程师如果对生物有兴趣的话，可以开发冷冻手术系统。如果他们对交通有兴趣，则可以为火车和卡车开发出冰库车，运输化学品或冷冻食品。如果兴趣在能量储存方面，则可以开发出更高效的制热、通风、制冷或空调系统。可以访问美国制热、通风、制冷和空调工程师协会网站 www. ashrae. org 了解更多信息。

特写

制冷——弥尔顿·加兰德：一个“很酷”的工程师（一篇颂词）

冰块、空调、计算机、曲棍球、抗生素、器官移植、宇宙探险和新鲜水果之间有什么共同点？要回答这个问题，请看看你的周围，不管你朝哪儿看，都能看见制冷技术带来的积极影响。制热、通风、空调和制冷产业出现过一些大师，其中一位就是制冷工程师和发明家弥尔顿·W. 加兰德。在77年多的岁月里，他通过发明和提供公共服务推动了制冷技术。事实上，在整个行业，加兰德这个百岁老人以“制冷先生”广为人知。

加兰德获得了40个专利，是工业和商用制冷压缩机开发人。不过，加兰德最为人知的发明是第一台“壳式”制冰机，它是一个直径为4英寸、长度为10英寸圆管的机器。他的系统比当时在镀锌的罐子里制冰效率更高、更卫生。结果，用于肉鸡加工厂、牛奶运输冷冻箱的订单激增。另外一项需求是要他在两英里深的金矿里开发一个工业空调系统，将温度从华氏110度降低至华氏90度。

第一次世界大战期间，加兰德在美国海军获得了制冷工程方面的经验。1920年，他从马萨诸塞伍斯特理工专科学院毕业，加入到在宾州韦恩斯伯勒的弗里克公司。以后的半个世纪，他担任的职位包括基层安装培训员、首席工程师、工程部副总裁和技术服务部副总裁。

对于他的职业，加兰德说：“我还是一个小孩子的时候，我就想当工程师。不管怎样，我将会成为一个工程师。”

加兰德每周打一次高尔夫，也是一名热心的曲棍球球迷。为什么不呢？他为宾州赫尔希的赫尔希熊队的溜冰场安装了制冷系统。他和夫人爱丽丝会在冬天来回驾驶140英里去看家乡的比赛。

美国制热、制冷和空调工程师协会友情同意在此复制

产业工程

起始工资中位数：58 581 美元

收入中位数：76 100 美元

产业工程师要为如何改进现状想出办法。他们与大伙和公司合作，帮助提高效率。产业工程师为老板节省资金，用的办法就是改良系统，常常也因此改进了雇员的工作场所。他们在节省时间和金钱的时候，也提高了生产率和质量。

产业工程师接纳所有类别的业务。他们能看到全景，致力于使系统更高效、更安全、更有效地生产出最高质量的产品。他们通常与制造工程师合作，两者联系紧密。

产业工程师学会指出，“产业工程是关于选择的学科。其他工程学科将技能用于特定的领域。产业工程让你有机会在多项业务中工作。产业工程最显著的特点是灵活性。不管是缩短过山车的线路、简化操作间、在全球范围内发送货物，还是生产超级汽车，所有活动都有一个共同目标，就是节省公司资金、提高效率”。

产业工程师在许多不同的组织工作。他们将自己特定的技能用于医院、银行、制造车间、保险公司，或者政府部门。产业工程师的主要雇主包括一些大公司，如微软、波音、迪士尼、英特尔和耐克。这个雇主清单很长。

作为产业工程师，你可以寻找新的方式来更好地完成工作。你可以将一些机构自动化，这样他们的客户就不用排长队了。你还可以找到办法，保证雇员总是具备完成其工作所需要的资源。你可以对一些地方进行勘察，找到建造一家大型企业的最佳地址。

产业工程师协会的网站上（www. iienet. org）有许多针对学生的信息。这一协会对杰出学生予以承认，提供好几类奖学金，并且每年都举行比赛。

制造工程

起始工资中位数：58 581 美元

收入中位数（机械工程）：78 160 美元

与机械工程师设计零件一样，制造工程师设计制造零件的流程。在底特律的三大生产基地，你可以看到制造工程师监督大型电脑公司的生产车间，指挥 6 人模具车间制造先进的模型，在足球场大小的车间与队友合作，波音公司在那里正在组装巨型飞机。只要是设计和管理生产流程的地方，你就会发现制造工程师工作的身影。

制造工程师需要懂得基本的工程原理，敬业，并且具有创造力。因为工作重点是工艺流程而不是单一的零件，他们要用更大的视野来看问题。他们将自己标志性的独特看法传给团队。他们与工厂经理、生产主管、计算机数控程序员、质量管理人员、产品设计人员、研发人员一起合作，工作范围从评估新技术，选择设备和供货商，到牵头制定工业标准，把一家工厂进行重组，提高生产效率等各种业务。

谈判技巧和推销创意的能力至关重要。在制造工程师需要掌握的技能表中，福特汽车公司将人际交流能力列在紧随基础工程能力之后。福特的制造工程师应该与产品设计人员密切合作，和他们在同样的技术层面进行沟通。其目的并非是要将制造工程师变为设计师，而是要将设计与制造无缝对接，以最低成本生产出最高质量的产品。

过去 20 年，美国大多数大型公司将注意力转向车间，发现产品的生产方式在日益增长的全球市场可以具有战略优势。制造工程师引导了这一潮流，他们最先引入了一些主要概念，包括精益生产、灵活制造、系统重建，从而不断改进。

制造工程师要做的不仅是用具有竞争优势的方式生产和运送产品。他们应该运用系统思维理解生产在整个商业环节中所发挥的作用，如何定制产品以满足世界各地客户的需求，符合他们的喜好。

制造工程师学会给制造工程师和技术师发证。在大多数州，通过州里举办的考试就可以在制造工程领域进行职业注册。

为了吸引年轻人进入这一领域，美国制造工程师学会每年举办一次学生机器人和自动化大赛，有几百支从中学到大学的队伍参赛（www. sme. org）。

制造工程技术

毕业生平均起始工资：

制造工程技术本科：42 634 美元

制造工程技术专科：29 175 美元

制造工程技术师和技术员与工程师合作，将现有的产品生产流程个性化。他们计划、测试、生产、组装客户和企业使用的产品，同时在工厂车间与管理层之间担任沟通的桥梁。他们可能在一个狭小的办公室开发用于一个足球场大小的生产车间的流程。不管经营规模多大多小，制造工程技术师和技术员的责任是不断提升生产流程、提高产品质量、提高每件产品的利润。

制造工程技术是一条激动人心的职业之路，专注于将技术应用于高科技环境，使用计算机辅助设计、计算机数控操作、机器人、激光和微处理器来生产社会所需要和想要的产品。技术师和技术员的工作包括计划、设计、测试、分析一些流程和系统，监督操作过程，在系统的一个特定领域进行测试，管理项目，指导生产线，书写报告，与团队其他人员进行交流，陈述自己的发现。

技术师参与设计和制造的所有阶段，在许多不同的公司工作，其中包括航天和通信公司、体育设备公司和客户产品公司。毕业生的工作单位可以是制造工厂，联邦、州或地方政府机构，计算机设备公司，以及其他许多单位。技术师已经做好充分准备，可以担任以下职位：制造工作师、质量保证工程师、生产工程师、项目工程师以及驻厂工程师。他们也从事技术销售和技术服务，代表的是设备生产的制造商。

尽管成为工程技术师也需要上 4 年学，但比起制造工程专业微积分课程要轻松一些。学科强调的是动手经验，还有使用科学原理对一些创意的运用。学生毕业后十分清楚当今领先的公司正在使用的铸造、成型、加工和生产流程。技术师区别于技术员的两年额外教育为他们提供了极好的机会，晋升到制造工程、生产操作或技术销售的管理领域。制造教育国家中心（NCME）认为，“获得工程技术理学士的毕业生在制造企业的职业发展潜力会受到限制，一般来说，只限于他个人的领导能力、努力掌握最前沿技术知识的勤奋程度以及有关现代制造技术的知识”。

• 对经商有兴趣的技术师会估算劳动力成本、设备的寿命和工厂的占地面积要求。

• 根据雇主情况，对设计感兴趣的技术师可能致力于生产客户产品的流程，这些产品包括糖果、摩托车、厨房设备、雪橇板、音乐技术、军舰和飞机，还有无线设备。

• 技术师也可以从业于食品技术领域，确保早餐麦片或冷冻华夫饼干按时根据预算送到正确的超市，并且保证食品加工的效率处于高水平。

学生也可以上两年制的学院，拿到专科学位做一名技术员，也可以继续上本科。技术员也在同样的公司上班，是动手操作人员，参加制造和控制系统和流程的安装、维护和维修。他们是解决问题的人，将工程师的设计或想法转化成产品，并且运用工程原理、计算机与软件以及自己本身具备的实际技巧，并且特别关注生产能力、质量成本节约型生产等问题。这一领域令人兴奋，不仅在地方和州一级机会很多，而且在世界各地都有很多机会。国家高等制造一流教育中心出版的《制造工程技术专科学位新大纲》指出，"对比高中毕业生，专科毕业生在数学、科学、人文、通信、计算机运用和制造技术方面拥有更高水平的知识和技能。在岗的工作经历会使毕业生做好准备承担更多的责任，为不断提高操作进行计划并付诸实施。制造工程技术员是一位关键人物，为制造企业负责全部产品生产和系统的团队提供支持。他们的首要任务是支持和援助生产规则，控制生产体系规划以及维护管理"。

制造工程技术或制造工程有三项专业选择。下表列出了三者之间的基本不同点，但要全面了解这些领域及它们之间的差别，应通读制造工程和制造工程技术这两部分。

表 5　　制造工程和制造工程技术学位比较

专业	学位类别	主要任务	雇主类型
制造工程技术	专科（技术员）	制造和控制系统和流程的安装、维护和维修。将设计或想法转化成产品，特别关注生产能力、质量保证、成本节约型生产等问题。不能获得职业工程师执照	制造工厂；联邦、州或地方政府机构，如美国邮政局；医疗设备公司；计算机设备公司以及其他许多单位
制造工程技术	本科（工程技术师）	将技术应用于高科技环境，使用计算机辅助设计、计算机数控操作、机器人、激光和微处理器来生产社会所需要和想要的产品。设计和开发生产所需的机器和流程	制造工厂；政府机构；研究实验室、医疗设备公司、计算机设备公司

续表

专业	学位类别	主要任务	雇主类型
制造工程	本科（工程师）	研究复杂的制造问题，并开发解决问题的工程办法	制造工厂；政府机构；研究实验室、医疗设备和计算机设备公司

海工工程

起始工资（机械工程师）：58 749 美元

收入中位数：79 920 美元

造船建筑师可以设计船体的框架或结构，海工工程师则设计船内所有动力和机械系统。没有海工工程师，船就不会有发动机、电子设备、液压装置、灯光、制冷设备，也没有控制设备。美国海商学院海工工程教授何塞·费梅尼亚说：

“海工工程是一门有关能量转换很强的学科，基础很宽泛。所学的知识既可以应用到岸上产业，也可以应用到海事行业。特别是如果你对船只和（或）船舶有兴趣的话。我向大家大力推荐这个专业由于许多船只设计离不开控制系统，海工工程师通常与造船建筑师密切合作。”

要成为一名好的海工工程师，你应该有多种技能和创造力，并且愿意学习。海工工程是一项激动人心的职业，因为每一条船都不一样，而你可以负责船上的每一个系统。基本上每条船都需要发动机、推进器、方向舵、传动器、水泵、电力系统等。海工工程师可以处理这一切。他们理解独特环境下的需要，了解许多不同的船舶体系和控制。

海工工程师确定并设计各种不同的发动机为船舶提供驱动力，如电机、柴油机、蒸汽涡轮机、喷水机、气压涡轮机以及核反应器。他们还设计水压系统，让捕鱼船能够从水中抓起装有 300 磅的马林鱼或者蟹的渔网，还为游艇或其他游船设计自动冷却系统。海工工程师还为航空母舰设计电力或流体系统，为拖船或其他行进在海湾、湖、湿地或航海的运输工具设计机械控制系统。海事运输工具上几乎找不出一个海工工程师没有参与设计的系统。

海工工程师和造船建筑师可以在海上船舶、船厂、建造轮机机械装置的工厂、设计室、船东办公室里工作，还可以为政府机构工作，包括提供军事服务。

阿伦·罗文是美国造船与海工工程师协会（SNAME）技术主任、韦伯造船学院海工工程终身教授，他解释说随船航海的工程师要负责船只机械部门的操作和维护。他们还指导手下还没有拿到证书的工作人员。他们可以负责急救队、事故防控队，或者是一条救生艇。船在海上航行的时候，航海值班的工程师每天在船上轮机室值班两次，每次四小时，其中间隔休息八小时。他们使用手动工具和机械工具，切割、焊接设备和各类机械设置，同时还要保证不会晕船。此外，他们还必须会计算机技能。他们应该具备：

• 很好的机械知识；
• 用三维方法设想系统的能力；
• 用逻辑方法思考问题的能力；
• 很好的常识；
• 恒心；
• 愿意学习；
• 思想开放；
• 口头、用图纸和书面清晰表达意见的能力。

航海的海工工程师和造船建筑师以及那些驻在海外管理新建船舶或主要维修的人员，常常会很想念家人和家庭生活，在海上航行的船在恶劣天气中还很危险，令人很不舒服。另外，航海的工程师一般来说假期更多。通常情况下，他们在海上待上七天，在家里就会有四天假期。不管是在船厂还是在海上，海工工程师和造船建筑师都必须身体健康，能适应高强度工作的要求。

证书

要做海工工程师应获得几项证书：

1. 航海工程师开始时应持有三级助理工程师证书，证书由美国海岸警卫队颁发给那些符合参加课程和有船上实际经验的人员。考试要花好几天才能完成。

2. 许多造船建筑师和海工工程师是持证的职业工程师，有些人有验船师证书。

3. 许多海工工程师持有美国海岸警卫队或其他国家监管部门颁发的航海海工工程师证书。

在你想到海工工程师时，将他们设想为船舶世界生产钥匙的人。没有钥匙的话，你不可能登上一艘船，当然不能走到任何地方。他们使千百万人有机会享受水上摩托艇、小型帆船，或者度假游艇，也让军队可以越洋驰骋，清理漏油事件，拯救处于危难中的船只。

要了解更多有关海工工程的信息，准备做海工工程师，可以访问美国造船与海工工程师协会网站 www. sname. org，或者在 engineering. com 网站找一本名叫《海工工程师：造船和海工、海洋与造船工程职业》的书阅读。

海工工程技术

海工工程技术是集海工工程、发动机维修和保养、电力系统、船舶机电系统为一体的多学科学位。该专业的毕业生通常在商务和军事船舶、邮件船和钻井台上工作，工作领域包括：

- 动力循环；
- 将现有能量转化为可用电力的原理和方法；
- 与动力相关机械主要部件的选择与运行；
- 动力循环支持体系。

海工工程技术师和技术员也了解造船、电气工程海工应用以及设备测试。他们的工作还可能会涉及岸上钻井台、海港设备、防波堤、船上或水下机械和设备等。因为学生在校培训常常在船上进行，因此大多数学校都设在海边或内河边。

海工工程技术是一项专科学位课程，但通常是本科学位设置，一般包括获得美国海岸警卫队颁发的商船三级助理工程师证书。学生在校培训通常在船上进行，其学位也可使本人有资格拿到顶级的商船航运业中的总工程师证书。美国共有 6 个州立海事学院和一个国家海事学院，该学院位于纽约的国王点。

海工工程技术或海工工程专业有三种选择。下表列出了三者之间的基本不同点，但要全面了解这些领域及它们之间的差别，应通读海工工程和海工工程技术这两部分。

表 6　　海工工程和海工工程技术学位比较

专业	学位类别	主要任务	雇主类型
海工工程技术	专科（技术员）	在各类船舶、油井、平台或码头维修和保养机电系统和设备	所有设计、开发、制造船舶设备、仪表、船舶发动机和潜水设备的公司。美国海军以及与海事有合同关系的公司也都是大型雇主
海工工程技术	本科（工程技术师）	管理、支持船上设备、物件和技术的设计、制造和使用	船只、船舶和游船设计和生产公司，仪表、船舶发动机和潜水设备公司，研究实验室，钻油公司，美国海军以及与海事有合同关系的公司也都是大型雇主
海工工程	本科（工程师）	研究复杂的船舶体系问题，并开发解决问题的工程办法。管理、支持船上设备、物件和技术的设计、制造和使用	船只、船舶和游船设计和生产公司，仪表、船舶发动机和潜水设备公司，研究实验室，钻油公司，美国海军以及与海事有合同关系的公司也都是大型雇主

材料工程

起始工资：62 000 美元

收入中位数：83 120 美元

材料工程师设计、制造并测试材料。他们可以通过生产出强度更高、质量更轻的金属从而降低汽车重量，节省油耗。他们可以利用特殊的聚合物帮助生产出人造膝盖和肘关节，也可以设计出下一代航天器用的新材料。

材料工程师可以与任何类型的材料打交道——塑料、木村、陶器、瓷器、金属，然后通过重组分子结构生产出全新的合成产品。例如，特氟隆（聚四氟乙烯）是几百万炒锅上的涂层产品，就是通过冷却并压缩与冷却剂相关的气体而发明的。

材料工程师的职业机会很多。例如，交通运输职业需要了解材料，可以从业于设计更省油的汽车、火车、轮船和公共汽车，可以为赛车的悬浮液设计特殊润滑油，为太空旅行设计高强度合金。材料工程还可以在通信领域求职。半导体公司雇用材料工程师开发出硅酮来加快计算机运算速度，就是让电子信号传输速度更快。我们要开发出更新，更纯形态的锗、铯、钨和铜，用到电子元器件上，以降低所有电子元器件和系统的费用，并提高它们的稳定性。

正如圣何塞州立大学材料工程系网页所说的那样："材料工程师在所有职业工程师中所占的比例很小：可能不足5%，但是，将基础材料原理运用于解决工程问题的需求量很大。当然，在当今高科技社会，基础材料原理应用几乎覆盖所有方面：对太空飞船的热保护，为电动汽车生产高级电池，生产人造心脏和手提电脑。整个行业和政府在传统上都依赖于项目中的几个人来处理诸如材料选择和加工问题（如用钛钢还是塑料做人造髋骨；使用何种合金，采取怎样的生产顺序；在腐蚀品和外表用什么保护性的涂料）。如果没有材料教育，那些人只能依赖手册、经验和供货商的数据来选择材料、决定加工程序。材料科学和工程本科学位教授物质结构、性能和加工之间的内在关系，这些是决定一个元件或产品的使用效果和使用时限的因素。"

特写

巧工程

巧工程并不是说成为巧工程师，更多的是用大脑创造出灵巧的结构或材料。"这到底是什么意思？"你或许会问。想想上次冬奥会你看到的高山滑雪比赛。你还记得那些滑雪选手飞得有多快吗？你还记得看他们的雪橇板呼啸而过的场景，或者惊恐地看到夹杂着冰的雪块将参赛者以每小时70英里的速度推着翻滚下山吗？

如果你能够改变奥运选手成绩的话会怎样？如果你能够提高滑雪选手成绩，使他们在控制更好的情况下滑得更快会怎么样？如果你能够生产出一件产品让职业选手打破现有纪录会怎样？

我们来了解一下设计滑雪板的情况，让你有些基本认识。滑雪板设计各不相同，要符合不同的环境条件。较长的滑雪板有更好的稳定性，在速度很快时有更好的控制，而较短的滑雪板则在任何情况下转弯更灵活，因为要管理的滑雪板面积更小。不过，短滑板更容易振动，导致失去平衡。较宽的滑板将你的体重分布在更大面积上，所以更适合软质雪地。在硬质雪地上滑雪，选手都选沙漏状滑雪板，这样便能扎得深，切得准。

如果体育用品产业是你的归宿，巧材料技术可能就是你的车票。灵巧滑板利用低压设备（特别传感器）来检测振动，同时起到减振器的作用，因此消除振动。振动小了之后，滑雪者可以更好地控制滑雪板，可以滑得更快，转弯更快。传感器作用类似人体的神经末梢，不同的是传感器消除振动，并将刺激或振动转化为电流。一个小型的控制电路通过热和光将能量释放，消除振动。振动减少后，滑雪板与雪地接触面增大，其结果是更稳定，速度更快，滑行更平稳。

例如，你在驾车时，当四个轮子都着地时，你对车辆有最佳控制。如果你急速转弯，两个轮子离开地面，你将失去控制，可能要紧握方向盘才能保住性命。职业赛车车轮很宽，保证有更大的附着力，同时车手在最快时还能完全控制赛车。同样的理论也适用于业余和职业滑雪选手：在整个滑雪板都接触雪地时，你有最大的控制度。

如何实现?

低压设备是使雪橇板变得很灵巧的感应器，具有检测到冲击或振动然后将之转化为电流的独特能力。压力设备直接装在雪橇板内。在雪质较硬的场地，雪橇板很容易振动。这种振动会降低稳定性、控制力和整体表现。

压力控制模板将振动产生的机械能转化为电能。电能应用到一个分流电路，转化为热能再通过雪橇板释放出去，这样就降低了振动。这么说吧：你有 300 美元，买了一支雪橇板，现在你拥有一支雪橇板，不再有 300 美元。如果你拥有振动，将它与热能交换，你就拥有热能，不再有振动。振动没有了，而热也转导出去了。巧工程的应用无穷无尽，将改变我们的生活方式。

目前，巧材料还用在其他体育设备中，如棒球棒、滑水板、山地自行车。你能想象的任何减振能够提高运动成绩的体育项目的巧材料都有市场。巧材料还用在建筑设计方面，适应地球母亲的愤怒。甚至市面上也能找到巧材料制成的衣服了。

巧结构

巧工程的多学科包括关于材料科学知识、传感器、建筑、电子学、机械和信息加工等。巧材料的定义是因为环境变化而发生反应或改变反应的材料，如上述灵巧的滑雪板、雪橇板和山地自行车。巧结构的意思是使某一结构保持现有状态（直立）或帮助该结构对特定事件（龙卷风）做出反应的传感器和制动器。

如果你想有一件巧结构物品，我们必须将它做出来。比如，你是一项大桥工程牵头的土木工程师，作为大桥每周安全运送几百万人的负责人，你要知道何时大桥会显现一些衰退、恶化或损坏的迹象。

巧技术就能做到这一点。传感器可以放在水泥结构中感应压力的变化，在出现结构损坏时发出信号。要经受许多磨损的任何一种结构都可以应用巧技术。工程师希望利用巧结构节省时间，拯救生命，这些结构发现存在可能导致灾难的一些缺陷时会向操作人员和设计人员发出警告信号。

抗震结构最终也会变成现实。一件巧结构会感应到地震，大楼的材料就会改变其刚性，以应对地球的移动。巧结构会与地球移动相反的方向来振动大楼，这样抵消地震的影响。

其他巧物体

其他运用巧材料的物体包括太空结构、飞机、直升机、潜艇、声音产业、汽车产业、人造肌肉等。任何可以通过提高功能、增加稳定性或降低维护要求而加以改进的物体都可以考虑应用巧技术。

太空结构：大型太空结构会受到宇航员造成的诸多干扰、其他航天器的停靠、轨道内的温度变化、小陨石袭击。巧材料可以消除干扰造成的振动，避免不稳定性，确保对太空结构的最佳控制。

飞机：飞机机身上装有巧材料，可以控制飞机的表面，在飞机过程中可以改变形状。装上巧结构的机翼，飞机将改进自己的形状和载货量。在可以使用这种技术时，单引擎战斗机在没有发射机作用下就可以从航母的甲板上起飞。质量轻、性能高的巧材料可以使飞机的航程翻倍，油耗减少 30%。

直升机叶片：直升机叶片可以根据气压变化不断调整形状，气压会产生振动。这些波动会使机械部件错位，要求对直升机进行大量的保养。叶片表面的压电片可以起到感应器和反作用力传动器或生成器的作用。

潜艇：巧材料技术可用于隐形潜艇。潜艇表面的巧材料可以检测到临近声呐声波的压力，自动生成等量反方向的压力抵消外来冲力。什么也不会反射到敌船上，潜艇就可以隐形了。

汽车工业：汽车工业将智能材料技术融入一些诸如汽车巧座位的项目，这些座位可以确认主要的乘客，然后调整到他们所喜欢的高度、双腿空间、后背支撑等。巧材料还可以生产出新品种的制动和传动设备。

音频工业：扬声器研究的目的是将整个房屋的墙面或汽车内部变成扬声器，手段是在墙体内植入小型传动器。50 年后，人们不需要在房屋或汽车内安装独立音箱来达到奇妙的音响效果。汽车和房屋都内设环绕音响装置。

人造肌肉：像人体肌肉那样收缩的巧材料已经被植入假肢内，在机器人、医疗植入物和虚拟现实中都有许多用途。

巧材料这一领域正在迅速成长，为人们在未来许多年保持先进技术提供了一个令人激动的方式。

要了解更多有关材料工程的信息，访问生物材料协会网站 www. biomaterials. org、美国化学工程学会网站 www. aiche. org 中材料工程和科学部分、美国工木工程师学会网站 www. asce. org 中材料工程部分，以及美国机械工程师协会网站 www. asme. org 中材料部分。

机械工程

起始工资中位数：58 600 美元

收入中位数：78 160 美元

机械工程师是世界的轮子。这一职业中的大多数人都关注各种物体的运动：从汽车车轮和体系，到过山车、机器的内部运作，纳米研究室或实验室中微粒子的运动。这类工程领域最宽泛、历史最悠久、学科最多元。大家现在用的几乎每个物品都是机械工程师的作品。他们的创造可以使我们社会直接或间接受益，影响到我们每一个人。如果没有机械工程师的话，那么能够完成自己工作的人就会很少。机械工程师运用能源、力学、材料、数学和工程科学，从事研究、设计、开发、检测、制造各种车辆、动力系统、机器以及技术系统，如飞机引擎、蒸汽机、发电厂、水下结构、用于食品生产的拖拉机、水力系统、运输系统、医疗设备、能源体系、体育器材、巧材料、太空旅行用的材料和结构、生产流程、测量设备等。任何一种产生、传输或使用电力的机器都很可能是机械工程师的产品。他们可以服务于大型和小型公司，从事检测、质量保证、制造、研究、设计、开发、操作、管理、生产、市场营销、销售等工作，也可以自营就业，作咨询人员。我们生活的各个方面几乎都受到机械工程师的影响。

根据美国劳工部预测，到 2018 年，机械工程师岗位数量将增加 87 000 个，机械工程也是具有最多就业机会的前 50 个职业之一，招用的都是有本科学位的人。由于机械工程非常宽泛，工作个性化程度高，很灵活。在当今全球市场中，许多企业和政府机构要求机器和系统更有竞争力，毕业生会发现自己挣大钱，从事自己喜欢的工作，在自己喜欢的地方居住等诸多方面的能力越来越强。

这个行业发展趋势包括：

• 创造出新材料，具有强度高和质量轻的特点；

• 医疗仪器和其他工具最小化；

• 灵活、受程序控制的生产体系，可以迅速从一种产品转化为另一种产品；

• 能源技术开发，如燃料电池、太阳能、风能农场，提高燃料效率或替代性能源传输体系，根据更严格的政府法规管理环境废料和有害物；

• 提高个人电脑在工程设计和分析中的作用。

另外，还需要越来越多的机械工程师来为普通大众设计和开发一些设备，使大家的生活更方便、更节省、更容易、更高效、更舒适。这些产品可以是任何物品，从洗衣机和烘干机到手机和其他电子器件，以及飞机和其他运输工具。

由于机械工程学科如此广泛，你要选择那些学习重点领域与你感兴趣的科目相一致的学校。比如，如果你对汽车工程感兴趣，希望拓宽学校的选择面，那就选择重点在汽车工程的机械工程学院，如伊利诺伊大学、密歇根大学，或者田纳西大学。如果你主要的兴趣是使汽车或其他交通工程跑得更快，就选择重点在燃烧、材料、流体力学的学校。如果你的兴趣是机械工程和生物医药工程，希望从事医院设备方面的工作，你可以选择电气工程专业。如果你想从业于制造工业，选择重点在化学工程的学校。机械工程师也可从事与关节替代品相关的工作，如人工膝盖、髋或肘。

了解更多机械工程的一个好方法是查询美国机械工程师协会网站（www.asme. org）中的各个部分。网站列出的清单是一项重要的学习工具，因为你能清楚地看到机械工程对世界产生的巨大影响。重要的是，你可以将机械工程本科学位与几乎任何一种技术方面的兴趣结合起来，如内燃机、计算机、无线通信、生物医学工程、力学、材料学、核能、替代性能源、噪声控制、航天，以及其他众多方面。

机械工程技术

毕业生平均起始工资：

机械工程技术本科毕业生：37 500 美元

机械工程技术专科毕业生：31 250 美元

机械工程技术师和技术员与工程师一起设计、开发、制造并检测各种机器、部件和产品。只要有移动部件的物品都属于机械工程和机械工程技术范畴。技术师和技术员可以从事计划、设计、检测、操作和分析机器、流程和安装等工作。他们也可以检查运作情况，维护、安装或操作一些部件，或者在实验室对部件和设备进行检测。他们还可以撰写报告，与团队其他人员进行交流，展示自己的发现。

机械工程技术师大部分工作是参与设计的方方面面——实体建模、有限元分析、公差叠加、机制合成等。他们参与制造过程，可以供职于咨询公司，生产车间，联邦、州和地方政府部门（如联邦航空管理局、国防部），材料检测实验室，医疗设备实验室，电脑设备公司或服务提供公司，电信公司，公用事业公司等。

机械工程技术员可以与机械工程师和工程技术师在同一公司工作，从事安装、维护和修理机器，制造体系和控制体系工作。他们是动手一族——解决问题人员，利用现有材料、运用工程原理和实际技术技能将工程师的设计或创意转化为一台机器、一个系统或一件产品。这个领域令人激动，机会很多，不只在当地和州一级，在全世界都是如此。

- 从事质量控制的技术师可以保证产品按特定标准生产；
- 中层管理技术师可以作为工程与工厂之间沟通交流的桥梁；
- 在工业企业，技术员可以重新生产一件老设备使其重生；
- 对教育感兴趣的技术员或技术师可以成为机器操作培训员，保证医院、公司和个人都了解使用新设备的安全和有效程序。

机械工程技术或制造工程专业有三项选择。下表列出了三者之间的基本不同点，但要全面了解这些领域及它们之间的差别，应通读机械工程和机械工程技术这两部分。

表 7　　机械工程和机械工程技术学位比较

专业	学位类别	主要任务	雇主类型
机械工程技术	专科（技术员）	安装、维护和修理机器，制造体系	许多公司招用机械工程技术员
机械工程技术	本科（工程技术师）	管理、支持设计、生产和使用一切移动的物品。从事计划、设计、检测、操作和分析机器、流程和安装等工作。可以检查、维护、安装或操作一些部件，或者在实验室对部件和设备进行检测。他们还可以撰写报告，与团队其他人员进行交流，展示自己的发现	咨询公司、制造工厂、政府机构、国家实验室、医疗设备公司、计算机设备公司、公用事业公司等

续表

专业	学位类别	主要任务	雇主类型
机械工程	本科 （工程师）	研究复杂的机械问题，并开发解决问题的工程办法。管理、支持设计、生产和使用一切移动的物品。从事计划、设计、检测、操作和分析机器、流程和安装等工作。可以检查、维护、安装或操作一些部件，或者在实验室对部件和设备进行检测。他们还可以撰写报告，与团队其他人员进行交流，展示自己的发现	咨询公司、制造工厂、政府机构、国家实验室、医疗设备公司、计算机设备公司、公用事业公司等

冶金工程

起始工资（采矿工程师）：64 404 美元

收入中位数：82 870 美元

冶金工程师将原材料变为有用的产品。冶金工程包括将矿产和化学资源加工成金属、陶瓷或者聚合材料，创造出新的高强度或高性能的材料，或者开发出提炼和加工用于生产新消费品的材料的新方法。

该行业要求在化学、数学和物理基础知识方面有很强的基础，同时能有热力学、流体、交通现象、材料的强度及性能方面的知识。

蒙大拿大学理工学院的冶金和材料工程系描述了冶金工程的五个专业：

• 矿物加工工程：矿物加工工程师利用物质不同的物理和（或）化学特性，开发、管理和控制一些程序用来在相关的矿石中释放、分离和浓缩宝贵的矿产。

• 萃取冶金：萃取冶金工程师从矿石、混合物和矿渣中生产和提纯金属，运用的是湿法冶金（水化学法）、电冶金（电化学法）和（或）热冶金（热化学法）技术。

• 物理冶金：物理冶金工程师运用合金、融合、卷压、铸造、碾粉等方法将金属加工成产品以控制其不同的化学、物理和力学性能，如抗腐蚀性、强度、韧性等。

• 材料工程：材料工程师运用与上述工程师同样的原理来提炼最佳应用材料，如陶瓷、玻璃、聚合体以及一些矿物质和金属。

• 焊接冶金：焊接工程师将不同的材料衔接在一起，尤其是金属材料，结点要有效，对焊接在一起的材料的完整性伤害要最小。

特写

一名冶金工程师的足迹

很早以前，在还没有电的时候，那时我 11 岁，家里常常举办晚宴，就是那种点上蜡烛、用上好瓷器的晚宴。我是家里最小的孩子，很荣幸（我真认为是一种荣幸）得到了在晚餐后熄灭蜡烛的任务。我很讨厌用灭烛器弄灭很多蜡烛后在灭烛器内部留下的黑色污渍。一天晚上，我用妈妈的铅锡合金作灭烛器，将灭烛器放在火里来消除那些黑色污渍。哇，你猜怎么着？铅锡合金灭烛器融化了。然后我抓起妈妈的铜制灭烛器作同样的试验。铜无法融化。为什么不能呢？这激起了我对材料的兴趣。(顺便说一句，我再也不能踏踏实实做这一个科学实验，因为妈妈再也不把自己的铅锡合金饰品放在外边了。)

那时，我们的邻居是美国钢铁公司在印第安纳州加里市的一名外伤手术师。他可以带我们参观他所在的工厂。你知道碾钢机多么让人兴奋吗？工程师当然会干出一些很漂亮的事。他们把原材料放进去，融化成液体，然后变成钢板，这真太让人称奇了。还记得看到那些巨型的熔炉我是多么震惊，看到一块巨大的金属块变成一条条细长的钢板我是多么激动！

有一年夏天，我的家人带我们去加拿大安大略，在那里我们参观了大镍矿。导游的故事让我感到很神奇。他说，熔炉以前将金属熔化后的矿渣直接沿着山坡倾倒下去，庄稼都被毁了。然后，美国国家航空和航天管理局利用这块毁坏的场地来练习在月球上行走。我真的很喜欢下到矿井，了解如何将矿物萃取出来，转化成我们每天所使用的物质。

因为我们住在芝加哥附近，我们参观了自然历史博物馆和博物馆，真实地再现了煤矿物质的生产。这些参见都让我想要探索材料领域。不过，说实话，我上大学并不是想成为一名冶金学家。最开始时，我想当化学家，但我高中的化学老师要我选工程专业，而不是化学专业，这样我找到一份好工作的机会更大一些。在圣母大学，所有学生同上“一年级课程”。在第一年并不宣布专业。如果你想当工程师，你选修课要选物理，不选历史。在一年级时，我去冶金工程系，他们非常友好，告诉我他们开设的课程。这样，我正式进入了冶金这一行。

如今，我是一名系统工程师。这就是说，我从项目的大局着眼。从理论上讲，系统高于其他工程学科。我们在每一件事上都有合作，确保机械工程师所做的不会使软件负担太重，操作部门能真正推出产品。一名好的系统工程师对所有工程领域都有所了解，而无须成为任何一个特定领域的专家。

玛丽贝丝·麦卡锡从BAE系统公司退休后，现任两百周年小学洲际数学和数学奥林匹克队领队。她经常为学校的队员们展示了一些有趣的材料概念。

如果你对材料科学和工程职业有兴趣或想了解更多情况，可以访问材料信息学会网站 asminternational. org。

造船建筑师

起始工资（机械工程师）：58 600 美元

收入中位数：79 920 美元

造船建筑师是设计各类船只或作为水上或水下交通工具的物体的工程师，包括船舶、船只、潜艇、海上飞机、破冰船或者离岸钻井台。船只可用于商务、休闲或海军任务，可大可小。动力可以是帆、柴油或燃气涡轮发动机、电力或核能。

海洋环境变幻莫测。开始时大海风平浪静，一会儿可能就有大浪拍打你的船体，让你心惊肉跳。在设计中要考虑到这些不可预见性对造船建筑师是一项挑战。造船工程师设计船只时要考虑以下内容：

• 流体静力学：研究船舷受到的压力。比如，漂浮是物体受到了流体静力的结果；

• 稳定性：船只在受到强风和大浪冲击后保持不沉和稳定的能力；

• 流体动力学：研究船舶周围水的运动。包括水中的动力，掌控船只的方向，以及船体周围水的阻力效果；

• 强度、结构和构造：选择用于船体、船舵、方向轮和推进器设计的材料。造船建筑师分析船舶在海上遇到风暴时洋流的力量，还包括船舶在碰撞或意外抛锚时的力度；

• 内部设计：船舶结构复杂，得自给自足。船上必须配有各种系统和足够的供给，使船员一次在船上能够生活几个星期甚至几个月。造船建筑师要决定安排机舱、休息区、厨房、船头（盥洗室）、通风、消防、地面布局、容量、水和污水处理、武器（海军军舰）、推进力装置以及货运装卸。

造船建筑师常常在长长的、拖曳的水池中测试新设计出的船只和航海器。在美国和世界其他地方，这些水池通常位于政府实验室和大学内。

你看，造船建筑师对每个设计单元都有许多要考虑的内容。对大规模生产的船只有现存的设计方案，但未来的船舶设计还存在广阔的空间。每次材料工程师设计出一件更轻、更强或更快的船体、船舵或推进器，就有可能改变未来船只和船舶的流体静力学、液体动力学、构造技术、强度或内部设计等方面。每次出版新的文章或完成新的研究之后，都出现新的机会改进调整现行战略，出现航行的新天地。

要了解更多有关造船建筑的信息并准备成为造船建筑师，可以访问造船建筑师和海事工程师学会网站 www. sname. org 或者找一本名叫《海工工程师：造船和海工、海洋与造船工程职业》的书来读读。

海洋工程

起始工资中位数（机械工程师）：58 600 美元

收入中位数：79 920 美元

地表以下几英里，一辆遥控车或水下机器人正在探索海洋底部。遥控车可以拍照，收集海底样本，回收沉船上的宝物，或者对像石油平台这样的水平结构进行维修。2010 年英国石油公司发生漏油悲剧之后，水下机器人是修补漏油管道的第一道防线。在海洋环境中的每一件仪器、每一个设备和每一个程序都是海洋工程师的创造成果和责任范围。这些工程师是他们领域的领军人物，因为海洋环境具有很强的腐蚀性和动荡性，常常变化无常。波浪从不间断，用于探索海洋环境的设备或器械应该能够承受大自然母亲“常规”的强力，如大风、波浪和盐水。

海洋工程是一个迅速成长的、很有活力的领域，机会很多、前景更好，因为人们向海洋寻求如食品、交通和能源这样的资源。海洋工程师应该具有创造力和远见卓识以了解有效运用海洋的潜力。政府、企业和学术界都渴望海洋专家和研究人员开发新的程序和体系来探索这一自然资源，并且对海洋物种和环境危害最小或者无危害。

海洋工程方面一项优势在于许多不同类别的工程师可以共同解决海洋基础设施的研究和利用方面的问题。海洋工程融入了多种学科，如材料科学、机械、土木、计算机、软件、海工、化学、电气和电子工程。除了生产遥控车外，他们还开发水平结构、油井、用于收集数据的漂浮物，并且正在努力开发利用波浪的能量将其转化为电能的方式。他们开发交通体系，计划水道的新用途，设计深水港，将陆上和水上的交通体系和方法融为一体。他们关注发现，生产和运输离岸的石油能源，正在开发新的方法，保护海洋野生环境和沙滩免遭离岸石油生产带来的令人生厌的后果。

海洋工程师研究海洋环境的各个方面来断定我们对海洋的影响，研究作为自然资源的海洋，以及海洋对船只和其他海洋设备和结构的影响。

要了解更多关于海洋工程的信息，请阅读石油工程章节。另外，访问造船与海工工程师协会（SNAME）网址 www. sname. org，了解其中学生与奖学金部门，或者在 engineeringedu. com 网站找一本名为《海工工程师：造船和海工、海洋与造船工程职业》的书来读读。

光学工程

起始工资中位数（电气工程）：57 300 美元

收入中位数（电气工程）：84 540 美元

光学工程是一个发展迅速、令人兴奋的领域。光学工程师设计、开发一些设备和测量体系，如激光、望远镜和纤维光学，这些都利用光的特性。他们掌握了如何对光进行弯折、反弹、引导、分散、色彩化、阻止以及捕捉，从而改进医学方面的应用，使我们生活更舒适（改进电视遥控器就是利用光来改变频道），使我们能看见对肉眼来说太小或太遥远的物体。

激光有许多种不同的应用。医生利用激光切除胎痣、肿瘤、脱落的视网膜，烧灼伤口，击碎肾结石。你家里和汽车中的 CD 机利用激光播放你喜爱的音乐，信用卡上的全息图是由激光制作的。激光打印机和超市的扫描机是另外一些例子，说明激光如何融入我们的生活。

纤维光学是另外一项正在迅速扩展的光学工程分支。纤维光学是一束像头发丝大小的玻璃线，以光脉冲的形式长距离传送声音和图像信息。纤维光学体系传遍世界各地。它们在国内传送，甚至通过水下传到邻国。

光学工程师可以设计出虚拟的现实游戏、空战模拟器。他们会寻找将 CD 存储能力最大化的方式，或开发出新的医疗形式，如远程医疗。他们会集中考虑如何使互联网速度更快、上网更容易。目前，在美国只有 5 个得到认证的光学工程项目。想要了解更多信息，可以访问国际光学与光子学协会网站（www. spie. org）。

石油工程

起始工资：83 121 美元

收入中位数：114 080 美元

石油工程师找出并解决石油和天然气工业中的问题。他们运用自己的知识，勘探、开采、采掘、生产、加工、运输从地下回收到的碳氢化合物。他们面临独特的挑战，要运用物理、数学和工程原理生产出石油产品以及核和合成燃料。

石油和天然气的采掘过程始于地质学家，他们寻找这些物质存在的地质线索。当他们发现一个地方可能存在油气时，声波发射到地下存储这些物质的地层，来探明是否存在石油或天然气。然后，钻井队跟进之后的工作。这意味着必须修一条路到陆地上一个遥远的地方，或在海上建一个钻塔来采油。一旦石油采出地面，应送到炼油厂或加工厂。加工后的产品有航空油、汽油和沥青。塑料、泡沫聚苯乙烯、布料（涤纶）和地毯纤维也是在化工厂由原油制作而成的。

石油工程是一个多学科领域，融入了多个专家小组，以保持生产的高水平。化工工程师监督石油生产过程、研究和开发，确保安全；机械工程师从事开采和炼油的机械运用；环境工程师可能参与环境监测和清污工作；地质工程师密切合作，开发出创新型的钻井技术。

想要了解有关石油工程更多的信息，可以访问美国机械工程师协会网站（www. asme. org）中有关石油的部分，或者美国化学工程师学会燃料与石化部分网站（www. fapd. aiche. org）。

制药工程

起始工资（化学工程）：63 000 美元

起始工资（生物医学工程）：41 800 美元

工资中位数（化学工程）：90 300 美元

工资中位数（生物医学工程）：81 580 美元

制药工程是最新的工程类别之一。平均来说，一个中等的制药公司招用 400 至 500 名工程师。未来的制药工程师将掌握工程、科学、医疗、法律和工商这样有趣的混合型知识。他们理解生物、化学、制造程序、知识产权、药品发现过程、工商和法律要求。他们富有创新能力和创造力，工作勤奋。开发新药品费用日益高涨，医疗需求的费用不断攀升，人口年龄的增长，获得食品药品监督管理局对药品的认可的复杂性，这些都是这个新出现类型的工程师在开发过程中应考虑的问题。

制药公司的压力是不仅要生产出拯救生命的产品，而且要使生活更舒适。我们已经有了药品来缓解关节炎、过敏症、头痛、体痛、胃痛、胸口痛，以及你能想到的任何不适。现在，当我们感到不舒服时，我们吃药、打针，或者在感染处抹一些霜或药膏。我们能够这样做多亏了制药业。

不过，制药业在幕后却是极其复杂、高度规范和非常昂贵的。根据 2003 年塔福斯药物开发研究中心提供的数据，开发一种新药的费用是 9 亿美元。将药物制成你周边药房出售的成品药的平均时间是 7 年。在经过大量开发、实验室试验和动物试验后推出的 5 000 种新药中，只有 5 种会用于人类临床试验。

开发过程中临床试验分为三个阶段：第一阶段，历时 18 个月，将药品交给身体健康的自愿者小群体（不过 100 人），研究药品如何被吸收，如何发挥作用，如何被排出。第二阶段，历时 2 年，将药品给患病的目标人群，检测药物的效果及副作用。最后一个阶段，历时 3 年半，将药物给一个比较大的群体（5 000 人），观察在治病方面的长期效果。在最后这个阶段，到达临床试验阶段的 5 种药物中只有 1 种能获得食品药品监督管理局的批准。

制药工程师对这一产业是一种恩赐，因为他们可以帮助从研发开始就理顺流程，进入试验到生产。工程师解决问题，在制药行业，降低费用，确保更多的药品得到食品药品监督管理局的认可，这是一场持续不断的斗争。在这种环境下，这类工程师与生物学家、化学家、立法人员、药剂师和其他科学家一起工作。

其他聘用制药工程师的机构是药品生产企业。工程师可以开发实验室，开发新的方式提供消毒环境或“清洁车间”，他们还可以调节使用的水的化学平衡制造出新药。这些工程师可以参与制造新的疫苗或者诊断设备（类似于生物医药工程），也可以在开发新的基因疗法中发挥作用。这一产业的机会很多，对这类工程师的需求量正在迅速上升。制药工程师拥有前景光明的未来，充满挑战和机遇，获利的回报也会很大。

想要了解更多的信息，请访问制药和医疗设备专业人员协会网站（www. ispe. org），或者生物医学工程学会网站（www. bmes. org）。

塑料工程

起始工资（材料工程）：62 000 美元

收入中位数（材料工程）：83 120 美元

材料工程中一个正在扩大但常常遭到忽视的分支是塑料工程。130 万人受雇于设计、制造和生产塑料的产业。塑料工业在美国制造业中位居第四。塑料几乎改进了我们生活的每个方面。我们使用的汽车、药瓶、电线绝缘体的安全性能，没有塑料的话都不可能实现。

塑料工程师可以重新组合木材、石油、煤或天然气等材料的分子结构从而创造出新的人工材料。他们可以为汽车设计新的部件，开发质量更轻、对身体干扰更少的人造肢体部件，或者发明新形式的塑料替代纸张、木材、金属或陶瓷。

美国塑料理事会和塑料工程师协会就塑料安全推出了一系列命名为“拿起来!”的说明材料，其中提到：“塑料在保证我们安全和提高我们生活的整体质量方面发挥了重要作用。塑料工程师实现了塑料对我们日常生活所做的许多贡献。比如，塑料保护我们的食品免受细菌腐蚀，保护警察免受子弹击伤，塑料还帮助截肢的人再次行走、运动员回到赛场。实际上，可以说，塑料帮助我们按自己想要的方式生活。”

想要了解更多有关塑料工程和存在的机会方面的信息，请访问塑料工程师协会网站 www. 4spe. org。麻省大学洛厄尔分校是目前美国唯一提供得到认证的塑料工程专业的大学。

机器人工程

起始工资（制造工程）：58 581 美元

收入中位数（机械工程）：78 160 美元

机器人工程是一个令人兴奋的领域，包括很多新开发的应用范围。由于在计算机产业中的技术进步，机器人工程师面临许多新的机会。机器人工程师设计和维修机器人，研究机器人的新用途。机器人对社会潜力巨大。装上适当的感应器，机器人可以检测肉的质量，测量制造工厂的污染排放量，协助进行手术，测定下水管道的腐蚀情况，测量火山的深度，测评鱼雷的速度。机器人可以提高我们的生活水平，给我们更多有关我们星球甚至太阳系的信息。这种进步可以为太空或海洋探索打开新的大门。

机器人主要用于制造工业，这一领域的企业仍然是机器人工程师的主要雇主。制造汽车通常得到经过编程的机器的帮助，集高度的精确性、速度和动力于一身。机器人学还正在扩展到采矿、农业和其他对人体有害或人们在一些领域不愿做的工作。机器人工程师与计算机程序员，电气、机械和制造工程师以及生产管理人员密切合作。

机器人工程师决定机器人的控制如何运作。比如，机械工程师为机器人设计可以检测光、食物、倾斜度等内容的感应器，机器人工程师将设计怎样控制感应器，并将感应器置于机器人体内。

机器人主要有两种：

遥控车（ROV）——遥控车是由电缆或系链进行操作的机器人。形状或大小可以随意设定，通常为特定的工程而设计。水底遥控车寻找财宝或工艺品，研究海底生物的生活，打捞海底物质，维护油井或其他水下结构。通常情况下，遥控车是无人装置——也就是说机器人上面或里面没有人（任何年龄段的人）开车。

一般情况下，遥控车的操作人员手持控制设备，类似于视频游戏控制器，用于向机器人发出指令、提供能量（电力）。这种体系的优势是遥控车不需要携带电池，如果附上摄像机，图片就可以现场看到了。

自动车（AV）——自动意味着机器人操作没有系链。如果你曾看过乐高大脑风暴箱或看过机器人大赛，你就知道是什么意思了。这些机器人将系链转化为无线或蓝牙通信，类似于遥控车，这些机器人也可以由使用类似视频游戏控制器的人操控，也可以用电脑操作，其中的程序给机器人特定的指令。

机器人足球是说明创造人工智能复杂性的很好的例子。第一届机器人世界杯赛 1997 年在日本举行，此后该赛事一年举行一次。想象一下：机器人感觉到了橙色足球的位置，追赶足球，甩掉对手，最后进球。比赛通常有不同大小的机器人球队，小到只能在乒乓球台大小的场地比赛，大的与成年人大小相同。机器人世界杯赛的一个主要目标是创建一支自动的足球比赛机器人队伍，在 2050 年前击败真人世界冠军足球队。

南加州大学用五个“足球机器人”比赛，这些机器人可以在球状的车轮上旋转、翻滚。南加州足球机器人由无线电遥控玩具车改装而成。每个机器人有一个由奔腾处理器控制的大脑，还有一只电子眼。奔腾手提电脑挎在每个队员背后，与眼睛相连。沈为民是负责该项目的计算机科学教授，他说：“这个任务特别复杂。仅仅让机器人区分足球和人腿就需要几个月的编程。有时候它们的眼睛检测到肌肉中的红光，就会误认为是足球的橙色了。”

机器人比赛已经非常流行了，这是了解工程和制造业的一条很好的途径。世界上每年有几百个机器人比赛。比赛各种各样，有水下机器人赛、空中机器人赛、相扑机器人赛、第一机器人赛、最佳机器人赛，还有机器人斗士。奖品包括现金、奖学金、T 恤衫等。更多有关机器人工程的信息可查询制造工程师协会网站 www. sme. org 中的机器人学国际部，以及电气电子工程师学会的机器人和自动化分会网站 www. ieee - ras. org。

软件工程

起始工资中位数（计算机工程）：67 800 美元

收入中位数（计算机工程）：98 810 美元

软件工程处于技术的最前沿。由于世界日益计算机化，软件工程这个增长型领域需求量很大。软件使我们能够运用计算机，它是人与计算机之间的翻译器。没有软件的话，计算机就只不过是 1 和 0 两种二进制数字。

软件工程师运用计算机科学、工程和数学分析的原理设计、开发、测试、评估、分析和维护软件，运用程序，操作系统，编译程序和网络分布，这些使计算机能够完成许多职能。在编程或编码过程中，软件工程师指导一台电脑、一部手机和（或）移动设备，通过一行接一行的指令，执行一项特定的功能。他们应该具备很强的解决问题的能力和编程技巧，但比起真正写编码来说，他们应更关注开发算法、分析和解决编程问题。这一领域的任何一个人都必须准备好学习一辈子，因为这个领域变化迅速，公司要靠新点子和新观念在市场竞争中处于领先地位。

软件工程一个很受欢迎的分支是协调、监管和开发公司计算机体系的规划、建设和维护。这方面的工程师将评估每个部门的需求，然后就局域网（网线或无线）、电话系统或其他公司间通信体系提出建议。他们也会配置和安装新的系统，培训员工如何使用这些系统。另外，他们还是技术支持人员，是安全保障专家。

目前，对软件工程师的需求远远超过供给。软件工程师最大的雇主包括一些耳熟能详的名字，如苹果、微软、谷哥、电子湾、脸书、摩托罗拉、欧特克、黑莓、美国在线、索尼、奥多比、赛门铁克和任天堂。这个清单绝对没有列全，想要了解更多雇主，只需看一眼计算机上软件的制作者是谁。成千上万的软件生产商都雇用软件工程师。

要准备软件工程方面的职业，你应该尽可能多地了解编程语言。抢手的工作要求包括 C/C ++ 、Unix、OLE、Pearl、Java、PhP、Cisco、HTML、CGL 编码、视窗和 Novell。访问那些受欢迎的软件工程师招聘方的网站，查看它们的招聘广告，时刻了解这一行业必然发生的迅速变化。一些软件工程师开发系统包和系统软件，或者按客户要求制作应用程序。参看软件工程所的网页 www. sei. cmu. edu。

结构工程

起始工资中位数（土木工程）：55 300 美元

收入中位数（土木工程）：77 560 美元

结构工程方面的职业能提供各种各样的机会。结构工程的重点不仅在于设计和开发房屋、大剧场、桥梁和大型购物中心这些建筑，而且还包括设计和开发建造这些结构的材料。结构工程职业面临的挑战让人激动，也有巨大的增长潜力。每天都有新的、更加复杂的材料出现，改变着各种结构的形状与未来。

结构工程师应该具有创造力，富有智慧。他们应该想象出一个结构的框架，决定结构会产生怎样的作用力，会承受怎样的力。加州的许多结构工程师设计的建筑可以承受地动（地震）的作用力。

结构工程师可以从事的工作包括政府大楼监理师、设计人员，或者为建筑设计或建筑公司做建筑咨询。有些人对建筑装修进行咨询，或者研究开发强度更大的新材料。结构工程的挑战不仅是设计和建造最好、最安全的结构，而且是设计和开发出新的方法，用比较廉价的办法来检测、改建或建造一些结构，同时在安全和个人诚信方面不打折扣。要了解更多信息，请访问美国土木工程师学会结构工程所网站 www. seinstitute. org。

要了解有关结构工程更多的信息，准备成为土木、结构工程师，可以找一本名叫《从圣代冰淇淋到太空站：土木工程职业》的书来读读。

系统工程

起始工资：57 438 美元

收入中位数（工业工程）：76 100 美元

乔治梅森大学系统工程系指出："系统工程是'以人为本的工程职业'。"系统工程确定一个组织使用一个系统的各个组成部分的最有效方式，这些组成部分包括人员、机器、材料、信息和能源。系统工程师计划、设计、落实和管理复杂的系统，这些系统用合理的费用及时保证组织的业绩、安全、可靠性及其维护。

系统工程师从各个不同的部门取出各个部件，将它们组合成一个复杂的单元或过程。比如，在电讯行业工作的一名系统工程师会与计算机或软件工程师合作开发一个程序，与机械工程师合作开发一些部件，与电子工程师合作开发新的一次性手机或电话系统的电路板。许多系统都有机械或电气部分，包括一台或更多的电脑。系统工程师是将系统的各个部分组合成一个有机整体的专家。比如，汽车是一个有机体系，电气工程师制造电气部分，如点火器、仪表盘；材料工程师负责材料部分，如设计空气动力部分，或开发防穿孔轮胎；机械工程师处理机械部分，如创造新性能的制动或润滑系统。系统工程师负责将所有这些元器件组合起来，生产出一台汽车。一个复杂系统存在的挑战是要预测或处理将各个单独的部分组合在一起后产生的副作用。仪表盘或制动系统可能不符合材料工程师列出的空气动力标准，轮胎可能不符合机械工程师列出的制动标准，这些产品可能要重新设计，以便组合在一起后正常运作。

你是否对超市和大型的商店是如何保持存货平衡感到好奇？它们怎样按时交货？计算机和汽车如何高质量、以具有竞争力的价格生产出来？电话卡的呼叫是如何处理？如何通过电话系统自动转接？每天成千上万的飞机和几百万旅客是如何有效地规划和管理的？这些问题的答案都是系统工程。

想要了解更多信息，请联络电气电子工程师学会控制系统技术部，网址：www. ieeecss. org。

电信工程

起始工资中位数（电气工程）：57 300 美元

收入中位数（电气工程）：84 540 美元

电信是电气工程内的一个专业领域，这一领域在未来将会迅速扩张。手机、掌中导航、视频电话、无线通信无处不在。卫星信号、微波、光纤运动衣是特定的电信产业中的其他一些例子。

几年前还是不可思议的通信手段——视频手机、在线视频会议、音乐会、大会和讲座的国际广播，目前正在改变着通信领域。工程师、软件设计师和艺术家之间的团队合作是设计明天各种设备的前提。无线网络是市场的主力军，品质与光纤一样可靠。一些大型城市，如波特兰、俄勒冈已经免费为所有家庭和企业提供无线上网服务。一些创新型公司会迅速向市场推出如可穿着计算机和将微技术和小型芯片融为一体的部件等产品。以后将会出现针对新的创新型应用程序的专业化网络设备，现有的网络设备将得到升级或替代。令人激动的新技术会创造新的岗位，机会只有你想不到。

美国雇用电信工程师的主要电信服务提供商包括美国电话电报公司、贝尔公司（南方贝尔、太平洋贝尔等）、康卡斯特、GTE 电话公司、威瑞森、日本电报电话公司、Sprint 公司。其他大型雇主包括贝尔通信实验室、思科、爱立信、朗讯科技公司（包括贝尔实验室）、新桥、诺基亚和北电网络有限公司，其重点在研究和产品开发方面。想要了解更多信息，可访问美国电子和电气工程师协会网页 www. ieee. org。

运输工程

起始工资中位数（土木工程）：55 300 美元

收入中位数（土木工程）：77 560 美元

运输工程是土木工程的一个分支，其目的是让人和货物安全、迅速、快捷、有效地分配。运输工程师设计街道、高速公路和公共运输系统。他们设计停车场和交通流模式，防止在主要路口、购物中心和赛事场地发生严重的堵塞。他们参与规划和设计机场、铁轨和人行通道等繁忙地带。

运输工程师学院（ITE）指出，运输工程这一领域变得非常重要是因为“第一次世界大战之后，汽车运输迅速发展，导致 20 世纪 20 年代初期事故频发、交通拥堵，公共要求专家将注意力转向缓解交通弊端”。在这一时期，工程师主要致力于交通规制制订、道路设计和再设计等领域。现在，如果你看到任何一座大城市下午 5 点时的拥堵，你就会明白运输工程在我们社会中要发挥更大、更必要的作用。

运输工程是一个让人激动的领域，今后 10 年需求还会上升。不管你喜欢在室内还是室外工作，你都可以从业于运输工程领域。比如，你可以创造新的购物中心和大学的电脑模型，或者在室外工作，解决现场的建设问题。《从圣代冰淇淋到太空站：土木工程职业》的作者里德 · 布洛克曼说：“当你想做运输工程师的时候，将自己想象成是雕塑家、律师和环保主义者的综合体。”

想象因为你设计了一个特定的运输体系，在法庭上作为专家证人被传唤的情景。许多运输工程师做私人咨询或从事研究。联邦、州和地方机构也雇用大量运输工程师。

运输工程师学院有自己的网站 www. ite. org。要了解有关运输工程更多信息，准备成为运输工程师，可以找一本名叫《从圣代冰淇淋到太空站：土木工程职业》的书来读读。

附录

选择工程师职业的 50 个理由

1. 到 2025 年，48 个国家（28 亿人）将会面临缺乏干净饮用水的问题。

2. 发达国家人口老龄化，工程师可以开发出援助性技术，帮助老年人维持健康的生活方式。

3. 改进空气质量。

4. 改进饮用水的质量。

5. 改进食物的质量。

6. 拯救雨林。

7. 拯救濒临灭绝的稀有和珍奇动物。

8. 为电动汽车改进电池技术。

9. 通过改进回收系统和方法，保护我们的自然资源。

10. 教育未来可能成为美国总统的人。

11. 通过找到新途径来生产或储存太阳能、风能、波能、地热和其他替代能源，从而帮助解决能源危机。

12. 找出使核废料无害化的方式。

13. 开发安全的核能。

14. 找出治愈艾滋病的方法。

15. 帮助开发治疗各种疾病的药物。
16. 发明体积更小、价格更低的电脑。
17. 推出更好的主题公园、更安全的过山车。
18. 满足社会的科技需要。
19. 保证美国的实力不会输给其他国家。
20. 教育下一代。
21. 实施大脑逆向工程。
22. 打击恐怖主义者实施的暴力事件。
23. 改进授课和学习的方法。
24. 创造更好的虚拟现实体系。
25. 捕获二氧化碳。
26. 维持城市和生活空间的基础设施。
27. 探索其他星球。
28. 更好地了解我们的地球。
29. 降低我们受到来自网络袭击的脆弱性。
30. 防止飓风和其他自然灾害带来的毁灭性打击。
31. 提高陆上、海上和空中的交通能力。
32. 改进我们与家人朋友的联系和通信能力。
33. 帮助我们在各方面节省费用。
34. 提高我们在国内、国外的安全性。
35. 降低我们在疾病面前的脆弱性。
36. 保持海洋清洁。
37. 探索深海。
38. 帮助我们的宠物活得更长久。
39. 帮助动物医生照料动物。
40. 让我们对地球的影响减至最小。
41. 建造更好的交通基础设施，避免汽车发生交通事故。

42. 建造可以自行供能的绿色大楼。
43. 了解海洋及其帮助我们的潜能。
44. 减少战争的影响。
45. 降低战争发生的概率。
46. 美化我们的环境。
47. 改进家具和电脑外设，减少腕管或背痛的风险。
48. 拯救北极熊和其他濒危动物。
49. 在人们需要迅速、安全、方便行动的地方安排更多的人员。
50. 减少疾病和饥荒事件。

美国工程和技术认证委员会认证的工程专业

1. 航天工程
2. 农业工程
3. 建筑设计工程
4. 汽车工程
5. 遗传工程
6. 生物医学工程
7. 生物工程
8. 陶瓷工程
9. 化学工程
10. 土木工程
11. 计算机工程
12. 建筑工程
13. 电气、电子工程
14. 电气机械工程
15. 工程管理
16. 工程力学

17. 工程物理
18. 工程科学
19. 环境工程
20. 防火工程
21. 森林工程
22. 通用工程
23. 地理工程
24. 产业工程
25. 制造工程
26. 材料工程
27. 机械工程
28. 冶金工程
29. 采矿工程
30. 造船学和海工工程
31. 核及放射性工程
32. 海洋工程
33. 光学工程
34. 石油工程
35. 光子工程
36. 软件工程
37. 系统工程
38. 通信工程
39. 焊接工程

美国工程与技术鉴定委员会认证的工程技术专业

1. 航空工程技术
2. 航天工程技术

3. 空调工程技术
4. 建筑设计工程技术
5. 汽车工程技术
6. 生物医学工程技术
7. 化学工程技术
8. 土木工程技术
9. 计算机工程技术
10. 建筑工程技术
11. 电气、电子工程技术
12. 电气机械工程技术
13. 通用工程技术
14. 环境工程技术
15. 防火工程技术
16. 产业工程技术
17. 信息工程技术
18. 仪表和控制系统工程技术
19. 制造工程技术
20. 机械工程技术
21. 采矿工程技术
22. 造船学和海工工程技术
23. 核及放射性工程技术
24. 光学工程技术
25. 石油工程技术
26. 光子工程技术
27. 测绘与地理信息工程技术
28. 通信工程技术
29. 焊接工程技术

作者简介

塞莱斯特·贝恩毕业于路易斯安那理工大学，是一名生物医学工程师，现任工程教育服务中心主任。她出版了 20 多本有关工程职业和教育的书籍和手册，获得多项奖励。美国工程院授予她诺姆·奥古斯丁奖（该奖项授予有能力向公众传递工程的奇妙与动人之处的工程师），美国工程教育协会授予她工程院长委员会促进工程教育和职业奖，该协会还将她列为大家应该拜会的 50 名工程师之一。她上榜了美国工程院的女性工程师荣誉画廊，被美国科学与工程节列为对工程领域做出杰出贡献的 20 世纪 50 年代出生的人士之一。过去十年，她一直为学生和家长提供有关学习工程专业的挑战与益处的咨询意见。